女人说话全攻略

若谷◎编著

魅力女性修炼法则

之贴心问答
智能数字人
聊聊姐妹私房话

成长必修课
精品课程
一起寻找幸福密码

情商进阶营
女性指南
塑造更优秀的自己

幸福
听故事
提升情感处理能力

东华大学出版社
·上海·

图书在版编目（CIP）数据

女人说话全攻略 / 若谷编著. -- 上海 : 东华大学
出版社, 2024. 11. -- ISBN 978-7-5669-2473-5

Ⅰ. H019-49

中国国家版本馆CIP数据核字第2024A01M22号

责任编辑：高路路
装帧设计：张雨涵

女人说话全攻略

编著：若　谷
出版：东华大学出版社（上海市延安西路1882号，邮政编码：200051）
出版社网址：dhupress.dhu.edu.cn
天猫旗舰店：http://dhdx.tmall.com
营销中心：021-62193056　62373056　62379558
印刷：三河市龙大印装有限公司
开本：710mm×1000mm　1/16
印张：12
字数：215千字
版次：2024年11月第1版
印次：2024年11月第1次印刷
书号：ISBN 978-7-5669-2473-5
定价：39.80元

前言

我们每个人都是自己故事的主角，也是他人故事中的配角。

有时明明看着挺简单的事，为什么你一去办就搞砸？

其实你真的已经很努力了，为什么还是得不到领导的赏识？

为什么你付出了这么多，朋友却不待见，女神也无缘？

……

"言者谆谆，听者藐藐。"之所以出现这样的问题，很多是因为人际关系。而人际关系的困扰，说到底，大部分都出在了不善沟通上。我们的话语需要深入人心，而非流于表面。

一个人的说话方式，最终将塑造他的人生层次。正如蔡康永所说："你越会说话，别人就越快乐；别人越快乐，就会越喜欢你；喜欢你的人越多，你得到的帮助就越多，你就越快乐。"

社会发展到今天，只会做事不会说话的人，可能会遭受冷落、惨被埋没。生活中有很多人，就是因为表达沟通能力差，许多原本应该属于他们的美好事物——高薪、升职、事业、爱情……都统统与之擦肩而过。说话水平的高低决定了人的生活质量，影响人的一生。

在《女人说话全攻略》这本书中，我们不谈复杂的理论，不说晦涩的术语，只分享那些简单而深刻的沟通智慧。它像一位亲切的朋友，用轻松的笔触，带你走进沟通的艺术殿堂。在这里，你会发现，原来沟通可以这么简单，这么自然。

书中的故事和例子，都是我们生活中的真实写照。它们告诉我们，无论是在职场上，还是在生活中，沟通都是我们不可或缺的技能。它能帮助我们建立更和谐的人际关系，赢得他人的尊重和信任。

因此，亲爱的女性朋友，让我们一起打开这本书，学习如何用话语的力量，开启人际交往的新篇章。让我们的话语，像春风一样温暖人心，像细雨一样滋润生活。通过这本书，你将发现，沟通不仅是一门艺术，更是一种生活的态度。

目录

♥
第三章

滴水不漏，达到回答制胜的目的

♥
第四章

环环相扣，说服别人按你的意思去做

Women's

Communication Strateg

女人 *Women's Communication Strategy*

说 话 全 攻 略

♥ 第七章

懂分寸，有边界，最舒服的社交法则

Women's Communication Strategy

第一章

高情商开场，一瞬间拉近双方关系

古人云："言为心声。"高情商的言语能悄无声息地传递温暖与善意。精炼而真诚的开场白，能迅速拉近彼此距离，展现对对方的关注和尊重。善用幽默和共情，能在沟通之初赢得信任，这是沟通的精髓。

怎么称呼，
才能快速拉近距离

　　生活中，我们无时无刻不在与他人交流，而恰当的称呼，正是打开交流之门的金钥匙。特别是对于初次见面的陌生人，一个得体的称呼不仅能彰显你的礼貌与修养，更能迅速拉近彼此的距离。

　　试想，如果你在与陌生人交谈时，直呼其名，或是使用了一个不恰当的称呼，那无疑会让人感到被冒犯，甚至觉得你不尊重人，这样的失礼行为会给你的形象大打折扣。反之，一个恰到好处的称呼，却能让你优秀的口才更加熠熠生辉，使你在他人眼中更加光彩照人。

　　称呼确实可以说是社交礼仪的第一步，也是让彼此关系更亲密的小窍门。那些在社交场上游刃有余、细心的人特别懂得这个道理。他们知道，用一个让人感觉舒服的称呼，往往能一下子就赢得对方的好感，让两个人的相处变得自然又愉快。

也许，你只需要一个简单的、恰当的称呼，就能立刻让对方感受到你的温暖和诚意，从而对你产生更好的印象，愿意与你更深入地交流。它就像一杯热茶，能让人心里暖暖的，感觉到你的友好和真心。

李琳刚大学毕业，满怀期待地走进了一家知名的软件设计公司参加面试。这是她人生中的第一次面试，紧张得手心直冒汗。

面试过程并不像她预想的那样顺利。回答问题时，因为紧张，李琳犯了好几处明显的错误，心里那个后悔啊。看到考官冷淡的表情，她觉得这次面试大概没戏了。

正当她准备离开时，一位穿着西装的中年女士走了进来，和考官低声交流了几句。李琳听到考官对那位女士说道："总监，您慢走。"心里顿时一动，知道眼前这位是公司高层。她鼓起勇气站起来，恭敬地说："总监您好，您慢走！"虽然声音有点抖，但透着真诚。

总监停下脚步，回头看了她几眼，微笑着点了点头。这个小小的回应让李琳的心里暖了起来，紧张似乎一下子消散了。

接下来的面试，李琳仿佛变了个人，回答问题时镇定自若，表现得从容大方。考官也因为她那句礼貌的称呼，重新开始认真审视她的表现。

面试结束后，李琳怀着忐忑的心情等待结果。当她收到录取通知时，喜出望外，她终于成为公司的一员，开启了自己的职业生涯。

时间一久，李琳和公司同事们也逐渐熟悉了。有一次，负责招聘的人事主管私下告诉她，最初她的面试表现其实很一般，考官都准备让她回去等消息了。但正是她对总监的那句礼貌称呼，引起了总监的注意。休息时，总监对考官说："刚才那个女孩挺有礼貌，反应也不错。"

　　李琳听后感慨万分。她没想到，一个简单的称呼竟然能有这么大的影响，让陌生人对她产生好感。她深刻体会到礼貌在人际交往中的力量，也更加珍惜这份工作。从那以后，李琳更加注意自己的言行，用真诚和礼貌对待每一个人。所有这些改变，都源自那一句简单的"总监您好"。

　　恰当的称呼，是快速拉近彼此关系的秘密武器，有时甚至比一百句恭维话还要有效！尤其是当面对地位较高的人时，如何称呼更为重要，它直接关系你在对方心中形象的树立。若忽视了这一点，对方很可能会认为你是一个不懂得礼貌的人，那么对你的好感自然也就无从谈起。

　　因此，在与陌生人交往时，我们一定要注意措辞，切不可轻率地直呼其名。或许你认为这样做可以拉近关系，但若对方并非你的亲密好友，他只会感到不被尊重。当然，如果对方明确表示不必过于客气，直呼其名即可，这时你也别推辞，否则对方可能会误以为你在刻意制造距离。

　　无论身在职场还是与陌生人交流，我们都应注意称呼的恰当性。在职场中，尽量以职称相称，如"李教授""王医生"等，这样既能提升对方的身份感，又能表现出你的尊重。同时，也要注意地域与文化的差异。比如，在面对外国朋友时，应称呼其为"先生""女士""太太"或"小姐"。而在中国，称呼则更应注重人的性别、辈分、年龄等因素。

　　此外，对于晚辈或慕名而来的拜访者，我们的称呼也应该更加亲热一些，如"小张""小郑"等，这样可以让对方感到没有距离感，自然也会对你无比尊敬。当然，如果对方的年龄较大，那么我们不妨以"王师傅""赵师傅"等称呼来表达敬意。

说话攻略

多多掌握礼仪知识，恰当的称呼不仅反映着自身的教养和对对方的尊重程度，还体现着双方关系的亲密度。

会闲聊，
几分钟就熟络起来

我们每天穿梭在繁忙的街道，面对着冰冷的屏幕，往往忽略了那份人与人之间最质朴、最温暖的连接方式——闲聊。对于女性而言，掌握闲聊的艺术，不仅仅是一种社交技巧，更是一种生活智慧。

闲聊，就像是打开心扉的钥匙。想象一下，你走进一个陌生的环境，比如一个新的工作场合或是社交聚会，周围都是不熟悉的面孔，空气中弥漫着一种微妙的紧张感。这个时候，如果你能自然地开启一段闲聊，就像是用一把钥匙轻轻打开了紧闭的心门，氛围瞬间就会变得轻松许多。

当然，闲聊并不只是无意义的闲聊，它往往蕴含着情感的交流与共鸣。女生最擅长通过分享日常小事、生活感悟或是最近的小确幸，来寻找与对方的共同点。

这种共鸣就像是磁石，吸引着彼此更加靠近。比如，谈论最近看的一部电影、尝试的一道新菜谱，甚至是抱怨一下天气的多变，这些看似微不足道的话题，却能成为拉近关系的催化剂。

清浅是个医院里的健康宣教达人，经常到处跑，给大家讲怎么保持健康。这次，她的任务是去一个偏僻的小村子，告诉村民们定期体检有多重要。但这村子里的人对体检这事好像不太感冒，清浅心里有点着急，提前做了不少功课。

到了讲座那天，清浅走进了村子的礼堂，看到台下的村民们一个个懒洋洋的，感觉他们就是来应付差事的。清浅没气馁，笑着举起手来问："我看咱们这儿不少都是家里的主心骨，我先问个问题，大家平时有没有算过家里一天得花多少钱？"

这个问题一下子把大家的兴趣勾起来了，村民们开始七嘴八舌地算起账来，特别是那些平时管钱的大妈大婶，更是来了精神，争先恐后地报出自家的开销。

清浅看大家讨论得热闹，就接着说："那咱们一年下来得花多少钱？看病吃药又得花多少？"村民们又开始认真算账。

清浅慢慢说："咱们要是半年或者一年做一次体检，看起来好像挺花钱的，但如果咱们把这钱摊到每天，其实也没多少。特别是咱们年纪大的，生病的概率高，一旦病了，那医药费可就海了去了。要是咱们能定期检查，早点发现问题，不就能省下不少钱吗？小病早点治，大病就变小病，这样算下来，是不是很划算？"

村民们听了，都点头表示赞同。清浅趁机把定期体检的好处讲得头头是道，讲得生动又有趣，村民们听得津津有味。就这样，清浅用她的聪明才智和耐心，成功地吸引了大家的注意，让健康宣教在这片土地上生根发芽。

像清浅这样，想要在短时间内与陌生人熟络起来，建立起温暖的连接，闲聊无疑是一把钥匙。

要想让聊天逐渐热络起来，找准话题是关键。比如，在聚会上，你可以从对方的穿着打扮入手，夸赞她的衣服或配饰，然后顺势询问她是在哪里买的。这样不仅能让她感到被关注，还能自然地引出更多关于时尚、购物的话题。

而且，聊天最忌讳的就是封闭式问题，如果对方可以用一两个词来回答，那就等于把聊天聊死。因此，要选择一些开放式问题引导对话。比如，"你最近有什么有趣的经历吗？"这样的问题能让对方有更多发挥的空间，而不是简单地回答"是"或"不是"。

当然，闲聊不仅仅是说话，更重要的是倾听。当你真诚地倾听对方说话时，对方能感受到你的尊重和关注，从而愿意与你分享更多。比如，在行业交流会上，你可以通过耐心聆听业界前辈的分享，并适时提出有深度的问题，给前辈留下深刻的印象，进而约定后续的合作。

此外，适时地分享也是拉近彼此距离的好方法。当你分享一些自己的小故事或感受时，对方往往会因为共鸣而更加亲近你。比如，在朋友聚会上，你可以通过分享自己学习瑜伽的经历，与新朋友建立深厚的友谊。

最后，保持幽默感也是闲聊中的调味剂。几句轻松幽默的话往往能让气氛变得更加活跃，也能让对方觉得你是一个有趣的人。

放慢脚步，用闲聊的方式，去发现生活中的美好，去遇见那些有趣的灵魂。因为，有时候，最美好的故事，就藏在那些看似不起眼的闲聊之中。

说话攻略

找准话题、用开放式问题引导对话、真诚倾听、适时分享、保持幽默感，你就能轻松掌握闲聊的艺术，让社交场合变得更加轻松愉快。

怎么搭讪，
才不显得冒冒失失

"美女，可以扫个微信吗？"

听到这句话，你的第一反应一定是广告推销，但也许他只是想搭讪而已。"搭讪"这个词听起来总是带着那么一点点"冒险"的味道，尤其是当女人主动出击时，更会遭人非议。

谁说只有男人才有搭讪的特权呢？在这个男女平等、个性飞扬的时代，女人搭讪也同样可以成为一种处世的方式，一种自信的表现。只是，如何搭讪才能既不显得冒冒失失，又能成功吸引对方的注意呢？这可就需要一点小小的策略和技巧了。

搭讪不是无厘头的骚扰，也不是死缠烂打的纠缠，它是一种社交行为，需要双方都有那么一点"来电"的感觉才可以达到完美闭环。因此，女人搭讪的第一步，就是要学会观察。

观察什么呢？当然是观察对方了。你得看看这个人值不值得你去搭讪。比如，他长得是不是端正？他的穿着打扮是不是符合你的审美？他手里拿的书或者他正在做的事情，是不是让你觉得有兴趣？如果这些都OK，那么你就可以考虑下一步行动了。

接下来，就是搭讪的开场白了。开场白的关键是要自然、有趣，能引起对方的兴趣。比如，你可以说："嗨，我刚才在那边看到你，觉得你的穿着很有品位，就过来想跟你聊聊。"或者，"嗨，我刚才听到你在谈论那个话题，我也很有兴趣，能一起聊聊吗？"这样的开场白，既不会显得突兀，又能让对方感觉到你的诚意和友好。

当然，搭讪也不是一帆风顺的。有时候，你可能会遇到一些"高冷"的男士，他们可能对你的搭讪并不感冒。这时候，你可千万别灰心丧气，可以这样想——搭讪是一种游戏，有赢就有输。

艾米坐在咖啡馆外的露天座位上，脸上挂着自信的笑容。今天她打算挑战一下自己，试试街头搭讪。她的目光锁定了一个坐在角落的高大男士，他正低头看书，看起来有点不好接近，给人一种"高冷"的感觉。

艾米轻轻地走到他旁边，装作随意地开了口："嗨，看你这么认真，是不是书里有什么宝贝啊？"她眨巴着眼睛，想用点幽默感打破初见的尴尬。

男士只是微微抬头，礼貌但冷淡地回了一句："哦，就是随便翻翻。"说完，他又低头继续看书，好像不太想继续聊。

艾米心里有点小失落，但她没打算就这么放弃，嘴角露出一丝调皮的笑容："看来你挺难搞的嘛！不过搭讪就跟玩游戏一样，有输有赢，我可不会轻易就认输。"她轻松地耸了耸肩,眼神里透露出一股不服输的劲儿。

男士终于被艾米这股子坚持逗乐了,嘴角不自觉地上扬,他合上了书,眼神变得温和:"好吧,既然你这么有斗志,那告诉我,如果你赢了,想要什么奖励?"

艾米眼睛一亮,她感觉到,这场搭讪的游戏,她已经迈出了成功的第一步。

除了开场白,搭讪的过程中还需要注意一些细节。比如,保持微笑和自信的姿态。微笑是最好的名片,它能让你看起来更加亲切和可爱。而自信的姿态则能让你散发出一种独特的魅力,让对方无法抗拒。

另外,搭讪时也要注意语言的运用。尽量使用轻松、幽默的语气,让对方感觉到你是在跟他聊天,而不是在给他上课或者推销产品。如果你能用一些有趣的小故事或者笑话来引起对方的兴趣,那就更好了。

最后,搭讪的成功与否,其实并不完全取决于你的技巧和策略,更重要的是你的心态和态度。如果你把搭讪当成一种游戏,一种挑战自我的方式,那么你就会更加享受这个过程,也会更加自信地去面对结果。

但是,如果你把搭讪当成一种必须完成的任务,或者是一种求偶的手段,那么你就可能会过于紧张或者焦虑,反而无法发挥出自己的真实水平。

当然,搭讪只是社交的一种方式而已,它并不是万能的,也不是每个人都必须掌握的技能。如果你觉得搭讪并不适合自己,或者你不喜欢用这种方式来认识新朋友或者潜在的伴侣,那么也没关系。毕竟,每个人都有自己独特的社交方式和风格。

总之，女人搭讪并不是一件难事或者丢人的事情。相反地，它是一种勇敢、自信、有趣的表现！只要你敢于尝试、敢于表达自己的想法和感受，并且保持一颗平常心去面对结果，那么你就一定能够在搭讪的道路上越走越远、越走越精彩！

说话攻略

注重言谈举止的细节，保持自信和友好的态度，就能够轻松掌握搭讪的技巧，大胆去"搭讪"那个让你心动不已的人吧，去享受那份乐趣和惊喜！

怎么做，
别人才愿意靠近你

　　人与人之间的交流往往始于话题的选择，没有合适的话题，深入的沟通便无从谈起。因此，找到那个能够引起共鸣的话题，是社交中至关重要的一环。

　　我们都曾经历过这样的尴尬：在某些人的加入下，原本活跃的交流变得死气沉沉，仿佛他们就是话题的终结者。然而，生活往往需要我们在这样的情境中继续前行，即使这意味着我们不得不面对"尬聊"的窘境，交流的质量也因此大打折扣。

　　话题的质量，直接决定了沟通的深度与广度。一个精心挑选的话题能够迅速拉近彼此的距离，让对话变得流畅而富有成效。相反，一个不合时宜的话题，可能让气氛骤然冷却，甚至阻断了所有沟通的可能性。

　　张敏是公司里的秘书，这天她跟着老板去参加一个合作公司的联谊酒会。老板特别叮嘱她，要跟对方公司的人多交流、多了解，为将来的合作打好基础。

酒会上，张敏挺听话，主动去跟对方公司的人搭话。她注意到一个看起来跟她年纪差不多的女高管，看起来很和气，就上去跟她聊开了。

张敏笑着打招呼："嗨，你好，我是张敏，我们公司的秘书。看你也挺忙的，能抽空聊聊吗？"

女高管微笑着回应："当然可以，我是这边的业务主管，叫我李总就行。"

为了拉近关系，张敏开始没聊工作上的事，而是聊起了日常生活。女高管也挺热情，两人很快就聊得挺投机。

张敏说："李总，你平时工作这么忙，家里的事情怎么处理的？"

李总笑着回答："家里的事情嘛，家里人帮忙分担，我尽量抽时间。"

张敏接着说："我也是，家里有个不到一岁的宝宝，每天忙得不可开交。"

李总点头："有孩子确实挺忙的，不过也很有乐趣。"

张敏聊得正高兴，就随口问了一句："咱们年纪差不多，您也应该有孩子了吧？"

李总的脸色突然一变，冷冷地说了句："不好意思，我有点事，先失陪了。"然后起身就走了。

张敏一个人坐在那儿，完全摸不着头脑，心里想："我是不是说了什么不该说的？"

事后，张敏从老板那儿才知道，原来那位女高管因为身体原因，早就被医生告知不能生孩子了，孩子这个话题对她来说是个禁忌。老板对张敏说："张敏，以后跟人聊天，要多注意对方的反应，有些话题可能比较敏感。"

张敏点点头："明白了，老板，下次我会注意的。"

显然，这就是因为没有找好话题而犯的错误。从自身来说，我们在选择话题时，首先就应该避免那些自己不完全了解的事情。假如你对对方的事情一知半解，或者完全不了解，最好不要拿一些相对私人的事情当作交流的话题，这样很容易碰触到别人内心敏感而脆弱的部分，导致聊天局面陷入尴尬。

在人际交往的广阔天地中，我们渴望被理解，被接纳。但如何让别人愿意靠近你，这是一门深奥的艺术。首先，避免那些无人问津的话题，因为它们只会使你陷入自说自话的尴尬，让你的真诚显得苍白无力。

秘诀在于找到那些能够激发对方兴趣的话题。每个人都有自己的热情所在，一旦你触及了这些点，即便是最冷漠的人也会向你敞开心扉。生活中的小事，如一部电影、一本书，都可能成为连接彼此的桥梁。

要让别人愿意靠近你，关键在于倾听与观察。在社交场合，成为一个好的倾听者，观察他人的言行，了解他们的兴趣和喜好。同时，准备与研究也是必不可少的。在参与任何社交活动之前，做好充分的准备，了解参与者的背景，预测可能的话题，这样你就能在对话中游刃有余。

寻找共鸣同样重要，无论是家庭生活、艺术、科技还是其他领域，找到大家都感兴趣的点，让对话自然流淌。尊重与理解也是关键。尊重每个人的兴趣和观点，即使你不完全同意，也要表现出理解和尊重，这样他人才会感到舒适，愿意与你交流。

保持真诚与开放的态度，人们能够感受到你的真诚，这会让他们更愿意接近你。同时，适应与灵活应变也是必要的。在对话中灵活应变，适应不同的社交环境和人群。不要固守一种模式，而是要根据情况调整你的交流方式。

通过这些方法，你将能够建立起更深层次的联系，让人们感到与你交流是一种享受，自然而然地愿意向你靠近。记住，每个人都渴望被听见、被理解，当你给予他们这样的空间时，他们也会回报你同样的尊重和亲近。

说话攻略

用心地去发掘生活中的点点滴滴，用心地去感受对方对生活的感悟和热爱，你就会发现，原来找到彼此都感兴趣的话题并不是一件困难的事情。

巧用幽默，
让他人卸下防备

　　幽默，这把无形的钥匙，能够轻巧地打开人心的锁。

　　罗丹说："生活中从不缺少美，而是缺少发现美的眼睛。"幽默无处不在，它等待着我们去发掘，去感受，去运用。它不仅能够点亮我们自己的心情，更能够温暖他人，如同春风拂面，让人心旷神怡。

　　仔细观察那些受人欢迎的朋友，你会发现他们身上有着共同的特质：友善、热情、开朗、乐于助人。这些品质固然美好，但它们往往需要时间来展现。那么，如何在初次见面时就留下深刻印象，让人心生好感呢？答案便是幽默。

　　在与陌生人或不熟悉的人交流时，紧张是常态。这种紧张感往往会导致聊天氛围变得局促，难以深入。然而，幽默的力量是巨大的。一句恰到好处的幽默话语，能够瞬间缓解紧张，打破尴尬，让气氛变得轻松愉快。

　　幽默是一种智慧，一种生活的艺术。它不需要刻意雕琢，而是源自对生活的深刻理解和对人性的敏锐洞察。当我们学会用幽默来表达自己，用幽默来化解紧张，用幽默来拉近彼此的距离，我们就会发现，人与人之间的交流可以如此自然，如此和谐。

在面对不愉快或尴尬的情况时，幽默不仅能够为我们自己带来心理上的慰藉，还能够影响他人，激发出积极的互动，从而创造出更加和谐的社交环境。

慧慧朋友圈广布天下，且似乎每个人都乐于与她维系着这份情谊。这背后的奥秘，一直让张聪感到好奇，于是他决心一探究竟。

某日，张聪将一位不善言辞的朋友引荐给了慧慧。这位朋友性格内向，与人交流时，往往只是静静地聆听。他们的话题围绕着日常琐事，诸如天气与物价，虽安全无虞，却也略显单调乏味。

当对话逐渐陷入尴尬，气氛开始凝固时，慧慧突然来了一句："说实话，我对这些无聊的话题并不感冒，但我一直忍着没说，生怕一说出口，咱们的友谊小船就翻了。"此言一出，张聪的朋友不禁笑出声来，紧张的气氛瞬间得到了缓解。

慧慧趁机施展她的幽默才华，提议道："咱们换个话题如何？比如说，你最近有没有遇到什么有趣的事情？或者，有没有什么特别想吐槽的？"

张聪的朋友略一思索，笑道："其实，我最近在学做饭，但每次都搞得像灾难现场，不是烧焦了就是调味失败。"

慧慧闻言大笑，回应道："哈哈，这也太逗了！我也有过类似的经历，第一次尝试做蛋糕，结果做成了一块硬邦邦的砖头。"

就这样，两人一来一往，聊得热火朝天。慧慧的幽默不仅令人愉悦，

更是一种智慧的流露。她擅长以轻松的方式打破沉默，让对话变得生动有趣，展现出她独特的社交魅力。

幽默是一种强大的社交工具，它能够帮助我们在与人交往时，更轻松地建立联系，拉近彼此的距离。而一个说话逗趣的人，往往更容易赢得他人的喜爱和信任。因为从他们的言谈中，我们能感受到一种积极的生活态度和对人际关系的深刻理解。

幽默的人在与人交流时，总能以轻松诙谐的方式，化解紧张的气氛，缓解尴尬的局面。比如，当一场对话陷入僵局，一个适时的笑话就能让所有人的心情放松，重新点燃对话的火花。这种能力，不是与生俱来的，而是通过观察和学习逐渐培养的。

那么，如何培养这种幽默气场呢？首先，要敢于尝试。不要害怕说错话，有时候，一个自嘲的笑话反而能拉近你与他人的距离。其次，要学会观察。留意生活中的小细节，这些细节往往能成为幽默的源泉。最后，要不断练习。多与人交流，多尝试用幽默的方式表达自己的观点，久而久之，你就会发现，幽默已经成为你人际交往中的一大利器。

说话攻略

> 幽默不仅能让你交到朋友，还能让你在人际交往中更加自信、从容。让我们在日常生活中，逐渐形成这种幽默气场，让它成为我们人际交往中的重要砝码。

如何说，
才会让对方对你"上头"

　　语言就像是我们手中的工具，用得好，能轻松敲开别人的心门；用不好，哪怕对方开了门也是要被"打"出门外的。

　　跟人打交道的时候，说话的方式往往比说的内容更能打动人。就好比，一句温暖的话配上亲和的态度能让人心里暖洋洋的，而一句冷漠的话再配上冰冷的态度则可能让人感到冷飕飕的。

　　那些在生活里混得风生水起的人，他们不仅做事有一套，更懂得怎么用言语来搞好关系。比如，你跟朋友聊天，一句"你今天看起来真不错！"可能就会让他一天都心情愉快。反过来，一句无心的"你这衣服哪儿买的，看着有点……"，可能就会让气氛瞬间尴尬。

　　要知道，话说得好不好，能成就一个人，也能让人陷入困境。想让人家对你有好感，就得学会倾听，用心去感受对方的话，然后用智慧去回应。比如说，你同事工作上遇到难题，你不是直接批评，而是说："这事儿确实棘手，不过你之前处理类似情况很有一套，这次也肯定能搞定。"这样既表达了你的支持，又给了对方信心。

真诚和尊重是聊天的基础，而会说话则是让对话更顺畅的秘诀。在日常生活中，可以多注意自己的说话方式，用智慧和真心去赢得别人的喜欢。

一天下午，吴林晓的咖啡馆里来了一位看起来心情不太好的中年女士，她点了一杯拿铁，便默默地坐在角落里。吴林晓注意到了她，决定用自己的方式去打破沉默。

吴林晓端着咖啡走过去，微笑着说："您好，这是您的拿铁，希望它能给您带来一点温暖。"

女士抬起头，勉强挤出一丝微笑："谢谢。"

吴林晓没有立即离开，而是坐在了女士对面的椅子上，轻声问道："看起来您今天心情不太好，如果不介意的话，可以和我聊聊吗？"

女士有些惊讶，但也许是吴林晓的真诚打动了她，她开始慢慢打开话匣子："工作上遇到了些麻烦，感觉有点力不从心。"

吴林晓认真地听着，不时地点头表示理解，然后说："我明白您的感受，工作有时候确实会让人感到压力很大。不过，您看起来是个很有能力的人，我相信您一定能处理好这些问题的。"

女士的眼中闪过一丝光芒："你真的这么认为吗？"

吴林晓点头："当然，我觉得有时候换个角度看问题，也许能找到新的解决办法。"

女士被吴林晓的话所鼓舞，两人开始聊起了工作上的事情，吴林晓也分享了一些自己的经验。随着对话的深入，女士的脸上逐渐露出了笑容。

临走时，女士感激地说："谢谢你，和你聊天让我感觉好多了。"

吴林晓笑着回应："不用谢，能帮助到您我也很开心。记得，无论遇到什么困难，都不要放弃希望。"

其实，想让对方对你"上头"，很简单，关键在于真诚、倾听和鼓励。通过用心聆听对方的心声，给予正面的反馈和支持，你就能给予对方心灵的慰藉，建立起深厚的信任和友谊。

社交场合中，语言就像是我们的超能力。想要让人对你印象深刻，就得学会怎么把话说到点子上。比如，你的朋友刚从意大利回来，兴奋地跟你讲她在威尼斯的所见所闻，你别只是随口应付说"哇，真酷"，而是可以来一句："你讲的那个日落，我都能想象自己就站那儿，吹着晚风，感觉一天的疲惫都消失了。"

工作中也是，同事提出了个新想法，哪怕你心里有点嘀咕，也可以这么说："这主意挺新颖的，尤其是你提到的那部分，我觉得特别有潜力。咱们是不是能再深入聊聊，看能不能更完善？"在肯定的同时，给对方留下充足的空间。

幽默感也是拉近关系的好办法，轻松的调侃，能让大家紧绷的神经放松，气氛也活跃起来。比如，会议开得大家神经紧绷，你突然来一句："咱们对这个计划的看法一致，就是它还躺在纸上呢。"

赞美别人的时候，也得实在点，比如，同事刚忙完一个项目报告，你可以说："这份报告写得真不错，逻辑清晰，尤其是那些数据，分析得头头是道，挺有深度的。"

　　总之，要想让对方对你"上头"，就要与对方建立一种积极、真诚和支持性的沟通环境，这样的交流能够让对方感到被理解和接纳，从而对你产生更深的好感。

说话攻略

　　说话要靠情商，懂得"看人下菜碟"，懂得把话说到对方心坎里，让对方欣然接受你，与你舒服对话，很难不"上头"。

微信扫码
❶ AI贴心闺蜜
❷ 成长必修课
❸ 情商进阶营
❹ 幸福研讨室

Women's
Communication Strategy

第二章

精准地投其所好，迅速赢得他人心

懂他所想，予他所需，交流中方能直击心弦。细心观察，真诚以待，基于尊重回应他的期待，而非一味迎合，这样才能快速建立信任，赢得他人心。

没话题别硬聊，
分分钟把天聊死

俗话说："当着矮人，别说矮话。"你们有没有遇到过那种尴尬到脚趾抠出三室一厅的聊天场景？明明没话题，却硬是要聊，结果聊得比冷宫还冷，生生把人噎死。

选对话题不光是聊天的开场白，更是保持聊天热度的关键。一个合适的话题能轻松拉近你我的距离，让对话像小溪流动一样顺畅；而一个不恰当的话题，可能就会让气氛僵住，让聊天变得磕磕绊绊。

比如在聚会上，有人可能想用些猛料来打破沉默，结果却让本来热络的场面冷了下来。他们的话，就像一阵冷风，一下子就把气氛吹凉了，本来聊得热火朝天的，一下子变得尴尬僵硬。这种时候，哪怕是最能侃的人也可能会陷入"尬聊"，聊天的质量自然也就大打折扣，让人只想赶紧找借口开溜。

但这种情况，并不是没法避免的。要明白，挑话题是个技术活，得有眼力见儿和敏感度，还得会看场合，考虑在场每个人的感受和兴趣。

一个好的话题，应该是能触动人心、引起共鸣的，而不是自顾自地说个没完。找话题的时候，可以从大家共同的经历、都关心的事儿或者最近热门的新闻入手，用这些作为开场白，就能搭起聊天的桥梁。

顾瑶是保险公司的销售精英，平日里客户关系处理得游刃有余，特别是和老客户李先生，两人相处得很融洽。李先生是个红酒爱好者，经常谈起他收藏的各种佳酿，顾瑶虽然对红酒不太了解，但为了和李先生多些共同话题，时不时也会跟着聊上几句。

一天，李先生在电话中提到自己新入手了几瓶限量版的红酒，顾瑶觉得这是个不错的机会，就想着顺便带些红酒上门，和李先生一起品尝，顺带增进感情。

晚上，顾瑶带着几瓶自己精挑细选的红酒来到李先生家，李先生开门见到她手里的酒，笑着打趣道："顾瑶，你是来和我切磋红酒的吗？"

顾瑶笑着回应："可不嘛，李先生，听您说最近新收了不少好酒，我也带了几瓶，咱们一起尝尝。"

李先生请她入座，两人开始边喝边聊。李先生兴致勃勃地介绍着他的红酒："这瓶是波尔多的一款限量酒，年份很好，口感层次丰富。"

顾瑶虽对红酒不太熟，但为了不显得外行，便附和道："是啊，我也听说波尔多的酒非常有名，尤其是入口的那种回味。"

李先生的神色忽然有些微妙，停顿了一下，缓缓说道："顾瑶，这瓶酒其实是意大利的，不是波尔多的。"

顾瑶愣了一下，脸上露出尴尬的笑容："啊，原来是我搞错了，哈哈，看来我确实得跟您多学学。"

空气有些凝滞，李先生随即找了个借口："不好意思，我忽然想起来有些工作上的事要处理，今天就先到这里吧。"

顾瑶出了门后，心里有些不安，觉得气氛不太对。几天后，李先生再也没有回复她的电话和信息。顾瑶有些着急，向一位懂红酒的朋友请教，朋友听完后笑道："你是不小心说错了，红酒圈子里要是装懂，客户可能觉得你不真诚。"

顾瑶这才意识到自己为了讨好客户，不懂装懂，反而弄巧成拙。几天后，她鼓起勇气再次拜访李先生，开门见山地说："李先生，那天我确实对红酒了解不多，说错了话。其实，我是真心想了解您的爱好，希望和您多些共同的兴趣。"

李先生看到顾瑶的诚恳，笑着说："没关系，我知道你是好意，以后红酒的事我来教你吧。还是多聊聊保险，我对这更感兴趣。"

顾瑶心中释然，意识到在客户关系中，真诚才是最重要的，迎合和不懂装懂，只会适得其反。

与人聊天就像是一场即兴的舞蹈，话题的选择就是那关键的一步。当你发现对方对艺术情有独钟，不妨轻松地抛出一句："我最近逛了个印象派画展，简直像开了挂一样，你对这个怎么看？"这样的开场，不仅展示了你的品位，也给了对方一个展示自己兴趣的舞台。

万一你不小心踩到了地雷——那些争议性的话题，别紧张，幽默是你的救星。来一句轻松的转折："看来这个话题咱们是各执一词，不如换个轻松的，最近有没有什么电影让你眼前一亮？"这样的转换，不仅能化解尴尬，还能让对话变得轻松愉快。

时效性和相关性的话题，就像是对话的润滑油，让聊天更加顺滑。比如在一场精彩的球赛之后，你可以说："昨晚那场比赛你看了吗？那结局，简直是反转剧的巅峰！"这样的话题，能迅速点燃共鸣，让双方的交流热情高涨。

如果你发现对方对当前的话题提不起兴趣，那就得灵活变通了。来一句："对了，你最近有没有发现什么新鲜的地方，比如哪家餐厅或咖啡馆特别有情调？"这样的提问，不仅能够重新点燃对话的火花，也表现了你对对方生活的关心。

倾听是沟通中的隐形桥梁。当对方提到最近读的一本书，你可以回应："那本书我也听说过，是什么让你这么着迷？"

通过这些对话的例子，我们可以看到，避免尴尬的交流不仅仅是避免错误的选择，更在于如何通过对话传递出关心、理解和尊重。这样，无论在哪个社交场合，你都能与人建立起真诚的联系，享受每一次愉快的对话。

说话攻略

没话题可以制造话题，如果无法制造话题，那沉默是金。在对话中，宁缺毋滥，不必强行填满每一个沉默的瞬间。

从对方兴趣入手，
迅速破冰成为好朋友

在人生的旅途中，我们经常与无数的面孔擦肩而过，但偶尔，我们会遇到那么一两个人，让我们想要停下脚步，想抓住眼前的缘分。那么，如何在初次邂逅时打破那层薄薄的冰，让彼此的心灵靠得更近一些呢？秘诀可能就藏在对方的兴趣里。

把对方的兴趣作为切入点，就像是你找到了一把打开对方心扉的万能钥匙。这不仅显示了你对他们的关注和尊重，还能悄无声息地缩短你们之间的距离。

这个方法为何如此灵验？因为兴趣是一个人灵魂的窗户，是情感共鸣的触发点。当我们聊起自己热爱的事物时，眼睛会不自觉地闪烁着光芒，话语中充满了活力。这种正能量是会传染的，它能让对方感受到你的真诚和热情，从而更愿意敞开心扉与你交流。

而且，以共同的兴趣作为起点，你们可以迅速找到共鸣的话题。无论是书籍、电影、音乐还是旅行，这些都能成为友谊的桥梁。随着话题的深入，你会发现，你们之间的相似之处远不止表面，更有着深层次的理解和共鸣。

当你下次遇到一个让你心动的人时，不妨先从他们的兴趣入手，这可能会是你们友谊的起点，也可能是一段美好关系的开始。

郑洁是广告界的顶尖人物，担任设计总监，她的口头禅是："做广告，得先扔个'炸弹'，把人的兴趣点起来，这样你的作品才能让人忘不了。"她的办公室里摆满了奖杯，每一座都证明了这句话的力量。

有一次，公司组织了一场内部培训，郑洁决定给新来的员工上一堂特别的课。她打开投影，放了一段经典广告。画面展现的是大西北的荒漠，一条笔直的公路延伸向远方。一个年轻人站在路边，焦急地挥手，眼神里满是期待，但路过的每辆车都没有停下。这个场景让所有人屏息凝神。

第一段广告结束后，大家面面相觑，困惑不已。"这广告什么意思？""马师傅是谁？"新员工们纷纷转头看向郑洁，想要答案。

郑洁只是微笑，接着播放第二段。年轻人依旧站在路边，寻找着"马师傅"。员工们开始聚精会神，试图从细节中找到答案，但广告就是不明说。

第三段、第四段放完，员工们的好奇心已经被彻底激发，心急如焚。郑洁看着他们那副迫不及待的样子，心中暗笑，知道广告已经成功了。

"这广告像追剧，一天播一段。"郑洁悠然说道，"当时，观众都在猜'马师傅'是谁，大家在网上讨论，在街头问询，一时间'马师傅'成了热点话题。一个月后，新产品发布，人们才知道'马师傅'原来是马来西亚某石油公司的润滑油品牌。"

新员工们恍然大悟，纷纷点头称是。郑洁趁热打铁："广告只有短短几秒，但必须一举抓住观众的心。我们做广告设计，要懂得如何吊起别人的胃口，这样他们才愿意听你继续讲下去。"

"马师傅"的广告正是这样一个成功的案例，它通过悬念让人忍不住去查、去找，最后牢牢记住了这个名字。郑洁的这堂课，也像这则广告一样，深深印在了新员工们的心里，让他们明白了广告中的兴趣点和好奇心是多么的关键。

与人聊天时也是这样，就像是寻宝游戏中发现隐藏的线索，可以通过观察对方在聊天时的微妙变化来捕捉兴趣的火花。

比如，当对方谈到某个话题时，如果他的眼睛突然亮了起来，身体语言变得更加自然和放松，那么这可能就是他的热情所在。可以留心对方是否在这个话题上更加投入，是否愿意分享更多的故事和细节，这些都是对方对话题感兴趣的明显标志。

如果对方在讨论某个话题时，语速加快，语气变得更加生动和热情，这通常意味着这个话题对他来说很重要。而且，如果对方在对话中主动提出问题，表现出想要了解更多的渴望，这也是一个很好的信号，表明这个话题对他来说具有吸引力。

也可以提出一些开放性的问题，来获取更多的信息，找到他们的兴趣点。比如，可以问"最近有没有什么让你特别兴奋的事情？"或者"你通常在空闲时间喜欢做些什么？"，给对方更多的空间来表达自己。

当然，还可以注意对方是否在谈论某个话题时使用更多的积极词汇，或者是否在描述某个活动时显得更加兴奋和热情。

比如，当你们在咖啡馆里闲聊，你提到了周末的户外活动，他的眼睛突然亮了起来，语气中带着一丝难以掩饰的兴奋："哦，我超爱徒步旅行，尤其是那种穿越森林的小径，感觉就像是在探险！"他的话语中充满了"超爱""探险"这样的积极词汇，而且他的语调也变得轻快和热情，说明你已经点中他的兴趣啦！

说话攻略

与人对话，不只要会说，更要会看、会听，通过这些观察和判断，你可以更好地把握对方的兴趣点，从而选择能够引起共鸣的话题，顺利进行破冰。

赞美的话，
怎么说，才能说到位

　　每个人都像是一个渴望被点赞的社交媒体账号，每一颗心都渴望着来自他人的小小爱心。

　　赞美，这个社交界的超级胶水，不仅能把人们粘在一起，还能在无形中提升我们自己的社交魅力。

　　想象一下，你的朋友刚刚完成了一项艰巨的任务，你轻轻地说："哇，你是怎么做到的？这简直太不可思议了！"这样的赞美，就像是给对方的心灵送上了一束阳光，让他们感到自己的努力被看见、被认可。同时，你也展示了自己的风度和洞察力。

　　但是，赞美不能太空洞，也不要给人以虚伪的感觉。那些空洞的赞美，比如"你真了不起"或"你是个好人"，往往缺乏具体性和深度，给人一种应付差事的感觉。相反，当我们具体地指出对方的优点，比如"你家的花园打理得真漂亮"，这样的赞美不仅避免了陈词滥调，更显现出我们对细节的关注和对个人努力的尊重。

赞美就像是社交中的魔法棒，它能够点亮人们的心灵，让彼此的关系更加紧密。但要确保你的赞美是真诚的，因为空洞的赞美就像是没有电的灯泡，不会发光，也不会温暖人心。所以，让我们用真诚和洞察力去发现他人的优点，用赞美去搭建起人与人之间的桥梁，让这个世界因为我们的善意和认可而变得更加明亮。

林茜是个出了名的"爱麻烦人"的人。

在大学时，林茜常常抱着厚厚的设计书籍，走到室友叶静的面前，神情带着点无奈："静静，我这方案卡了一整天，怎么都理不清头绪，你帮我看看呗？"她那双闪烁着困惑和期待的眼睛，总让人无法拒绝。

叶静总是笑着接过她的资料："好啊，我帮你梳理一下思路。"林茜立刻凑到她旁边，一副认真听讲的模样，眼里透着浓浓的求知欲。

不仅是叶静，林茜对任何人都是如此。她总是毫不避讳地询问同学："你这次是怎么准备的？每次项目都做得这么出彩，分享点经验呗。"她的提问总是直白，却让人觉得她对学习和提升充满渴望。

有一天，林茜忽然停下来，似笑非笑地对叶静说："你有没有想过，向别人请教其实是一种赞美？"她的眼里闪过一丝狡黠，仿佛刚发现了某个令人意想不到的道理。

叶静愣了愣，随即笑了："这么一说，好像还真有道理。"

毕业后，林茜开了家小型设计工作室，专门为中小型企业做品牌包装。有一次，市里的一家知名科技公司要为新产品设计一套包装，许多知名设计公司都挤破头想拿下这单生意。大家纷纷围绕着项目负责人赵总打转，有的夸夸其谈，有的不断推销自己的成功案例，还有的甚至开出巨额回扣。

林茜也想参与竞争，但她明白，自己刚创业不久，工作室小，资金也不充裕，没法跟那些大公司比拼。于是，她决定换个方式，给赵总写了一封信："赵总，尽管我们工作室规模不大，但我们对品牌包装有自己独到的见解。我们非常希望能得到您的专业意见，帮助我们不断完善产品设计。"

赵总收到信后，感到意外，也对林茜的态度表示欣赏，便决定给她个机会，亲自去了她的工作室参观。林茜细致地介绍了团队的设计理念，还认真听取了赵总的反馈，不时点头："赵总，您的意见非常宝贵，我们一定认真改进。"

赵总离开后，林茜立刻按照他的建议对方案进行了调整，不久后，赵总决定将这笔订单交给她的工作室。更让林茜意外的是，赵总还介绍了更多客户给她，生意渐渐做大。

林茜明白，真诚地寻求他人的建议，不仅是一种智慧，更是一种潜移默化的赞美。它让对方感受到自己的价值和专业能力，而这远比浮夸的奉承更为有效。她的赞美从来不是虚浮的赞词，而是对方能够认可的实际行动。正是这种态度，让她赢得了更多的机会和信任。

因此，当我们对朋友的厨艺赞不绝口时，不要只是简单地说"这菜真好吃"，而是要具体一些："这鱼的调味真是绝了，每一口都是享受。"

适时的赞美，就像是一场及时雨，能在对方最需要鼓励的时候给予支持。比如，当朋友第一次尝试烘焙，哪怕成品并不完美，一句"第一次就能做成这样，你真是太有天赋了"就能成为他们继续探索的动力。

适度地赞美，能够避免让对方感到不自在。如果你的朋友只是帮你搬了个东西，而你却过分夸大其词，这可能会让他感到尴尬。相反，一句简单真诚的"谢谢，你真是帮了大忙"就足够了。

个性化的赞美，能够触及人心。了解对方的喜好和价值观，可以使我们的赞美更加贴心。比如，对于一位热爱环保的朋友，你可以称赞他："你种的这些植物让整个房间都生动了起来，你的绿色生活态度真让人敬佩。"

行动上的赞美，往往比言语更有力量。当你向一位擅长摄影的朋友请教拍照技巧，并实际应用他的建议，这种通过行动表达的赞美，无疑是对他专业能力的认可。

总之，赞美到位，就是要在对的时刻，用对的方式，表达对的心意。这样的赞美，不仅能够拉近人与人之间的距离，还能让彼此的心灵更加紧密。让我们用赞美，为这个世界增添更多的温暖和光明。

说话攻略

赞美不需要华丽的辞藻，而是需要我们用心感受，用真诚去发现并肯定他人的独特之处。

听别人说，
远比自己说更重要

　　我们每个人都是世界里的多面手，扮演着各式各样的角色，就像在一场大型即兴剧中，随时准备着展示自己的风采。但生活这场戏，有个小秘密：有时候，静静地听别人说，比滔滔不绝地表达自己来得更有力量。

　　其实，这不是什么高深莫测的哲理，而是被无数人验证过的实用智慧。作为群居动物，我们的生存和发展是离不开团队的。如果你总是沉浸在自己的小宇宙里，那你可能是个深思熟虑的哲学家，或者，更可能是个与世隔绝的独行侠，久而久之，便会被世界抛弃。

　　此时，你最需要的就是沟通，沟通不是一个人的独白，而是一场需要多方参与的交响曲。只有当你成为一个好的听众，才能与他人共同创作出美妙的乐章。

　　如果你只关注自己的声音，那你所谓的沟通就成了个人的演讲，一场自说自话的独角戏。此时，你就要学会倾听，学会倾听就能洞察他人的内心世界，感受他们的喜怒哀乐，从而建立起真挚的人际关系。

一个阳光灿烂的上午，李薇走进了新产品研讨会的会场。这里聚集了各行各业的大拿，气氛既热闹又带着点紧张。在众多的声音中，一个年轻的声音引起了她的注意。那年轻人讲话充满激情，每句话都好像带着跳跃的火花。

会后，大家都开始离场，李薇却走向了那个年轻人，眼神里满是对年轻人的欣赏。她微笑着对那个年轻人说："你刚才说的那个项目挺有意思的，不过有的地方我没太明白……"

年轻人立刻显得兴奋起来，眼中闪着光："您是说那个部件的材料选择吗？我们为什么选塑料不用金属？"

李薇点点头，笑着问："对，我一直觉得金属更结实，以前类似的部件也都是用金属做的……"

年轻人脸上的笑容更盛了，他几乎要跳起来解释："您说得没错，但这次我们用的塑料，是经过特别研发的新材料……"

他的话匣子一打开就停不下来，每个词都透露出对这项新技术的热情和信心。李薇看着他那满溢的激情，心里暗暗赞赏。她本来想分享自己的看法，但看到年轻人那么渴望分享，就决定先做个听众。

她换了个更温和的问法："这听起来真的很棒，你能具体讲讲这种塑料的特性和优点吗？"

"当然可以！"年轻人急切地点头，眼中满是期待。他邀请李薇去他的工厂参观，亲自演示了这种新型塑料的神奇之处。在实验室里，两人一边讨论，一边交流，年轻人讲解得充满激情，李薇则专注地听，时不时提出深入的问题。

原本李薇想在对话中分享自己的想法，但当她感觉到年轻人分享的热切和被理解的渴望时，她选择了成为一个好的倾听者。这让对话更加轻松愉快，也让交流更加深入。这次意外的对话不仅让两人建立了合作关系，也为未来的创新铺平了道路。

倾听要求我们在接收他人声音时，不仅仅是耳朵的简单接收，更是心灵的深入交流。我们不应该成为毫无选择的"复读机"，而是要学会筛选，学会思考，就像在自助餐中挑选食物一样，我们应挑选那些有益的思想，而不是盲目接受。

在倾听的过程中，我们实际上是在锻炼自己的批判性思维。我们要勇于质疑："他说的真的有道理吗？""这个观点适合我吗？"通过这样的自我对话，我们不仅能够吸收新知识，还能保持独立思考的能力，避免被他人的声音左右。

智者往往不是那些话语连篇的人，而是那些懂得沉默和倾听的人。他们知道，每个人的生活都是一本书，每个故事都是独特的篇章。当我们静心聆听时会发现，每个人的经历都如同一部精彩的小说，有的让我们感动落泪，有的让我们深思反省。这些体验，是独自思考时难以获得的。

因此，下次当我们急于表达自己时，不妨先深呼吸，将发言的机会让给他人。或许，我们将听到一个更加动人的故事，或者，在这个过程中发现一个更加真实的自我。

生活不是一场独角戏，而是一场需要我们共同参与的交响乐。现在，你准备好成为一个优秀的"听众"了吗？让我们在倾听中学习，在倾听中成长，最终在倾听中领悟生活的真谛。

说话攻略

在一场谈话中，真正占据主角位置、把控话语权的人，未必就是最终的胜利者。我们与人沟通交流，最终目的是说服对方接受我们的意见或想法，而不是在谈话中获得一时的风光和瞩目。

学会给对方"画大饼"
才能让他对你爱不释手

　　"画大饼",这个词听起来就像是在说一个让人垂涎欲滴的美食,但其实,这里的"饼"并不是用来吃的,而是用来激发梦想和希望的。

　　它是一种用心灵绘制的愿景,让对方沉浸在那份期待和向往中。所谓的"画大饼",就是用一种积极乐观的态度,结合实际情况,为对方描绘一个充满希望和可能性的未来,同时展现你的个人魅力和价值,让对方感受到与你同行,未来是值得期待的。

　　想象一下,生活就像是一场漫长的公路旅行,每个人都希望有一个能带来欢笑和惊喜的旅伴。爱情也是如此,它需要梦想和憧憬来调味。谁愿意和一个总是抱怨、看不见希望的人一起旅行呢?

　　因此,"画大饼"在情感的旅途中,就成了一种调味品,它让对方感受到,与你在一起,未来不仅充满未知,更充满了无限可能。

　　当你想要激励某人,或者在爱情中想要增加一点甜蜜,不妨试试

"画大饼"。但记住，大饼也不能经常画来画去，否则早晚有一天连烙大饼的锅都会被掀翻。不要只是空谈，要确保你的"饼"是真实可信的，这样它才能成为你们共同旅程中的美味佳肴。

陈洁的工作室最近接下了一个重要的设计项目，时间紧、任务重，团队成员们的压力与日俱增。连续几天的加班让大家疲惫不堪，情绪也逐渐低落。一天晚上，陈洁看出每个人的状态都不太好，于是提议大家放下手中的工作，围坐在一起聊聊。

"我知道大家这几天都很辛苦，"陈洁声音温和，眼神中带着鼓励的光芒，"但是你们想想，这个项目对我们工作室意味着什么？"

年轻的设计师小刘揉了揉疲惫的眼睛，笑着说："意味着加班、疲惫，还有这越来越明显的黑眼圈吧。"

众人听了都笑了起来，紧张的气氛稍稍缓和。陈洁也笑了，接着说："是，现在的确很累。但你们有没有想过，这其实是一个绝佳的机会？几个月后，我们的设计会遍布城市的每个角落，看到自己亲手设计的作品被认可，那种成就感，不是每个项目都能带来的。"

团队里的老将小李皱了皱眉，半开玩笑地问道："陈洁，你说得是很动听，但现实是我们现在真的快撑不住了。"

陈洁点了点头，脸上露出一丝理解的笑容："我明白你们的疲惫，也理解你们的压力，但我相信，只要我们齐心协力，不仅能完成这个项目，还能让工作室在业内站稳脚跟。我们的努力会被看到，我们的名字会被记住。这个过程虽然艰难，但只要我们共同走过，它将成为我们成长的标志。"

她的话像一股暖流，慢慢渗入每个人的心里。陈洁又补充道："我向你们承诺，项目结束后，我们会一起去旅行，彻底放松一下。而且，我会记住每个人的付出和努力。"

从那天起，团队的氛围明显不一样了。每个人都被陈洁所描绘的未来所打动，重新找回了动力，主动加班，彼此之间也多了鼓励和支持。最终，项目顺利完成，客户的高度赞扬让整个团队感到无比自豪。

项目结束后，陈洁兑现了她的承诺，带领团队进行了一次难忘的旅行。在旅行的最后一晚，大家围坐在篝火旁，气氛轻松愉悦。小刘笑着说："陈洁，当初你给我们'画的大饼'，现在终于吃到了，而且味道还特别好！"

陈洁轻轻一笑，温和地说道："不是我画得好，这是我们一起努力的结果。只要心中有梦想、有希望，就没有什么是不可能的。"

这次旅行，不仅是对他们辛苦工作的犒赏，更是一次充满希望的重新出发。每个人都明白，陈洁的领导不仅在于她的鼓励，更在于她真诚的信任与承诺。而这种信任，是团队成功的真正源泉。

学会给对方"画大饼"，不仅能激发团队的潜力，更能赢得他们的心。当然，"画大饼"不仅是一种艺术，更是一种生活智慧。它要求我们在真诚的基础上，用希望和梦想为生活增色。这并不意味着我们要编织虚假的幻境，而是要在现实的土地上，播下愿景的种子。

真诚是"画大饼"的灵魂。当你向朋友或伴侣描述未来时，那份真诚会让人感受到你内心的火光。就像在一次闲聊中，你可能会说："等我们有空了，一起去海边看日出吧，那感觉肯定很棒！"而结合实际的愿景，就像是在生活的画布上轻轻描摹。比如，对一个正努力创业的朋友说："现在的市场这么大，咱们的产品这么有特色，说不定哪天就火了呢！"

行动是"画大饼"的坚实基石。空谈理想容易，但真正让人信服的，是你的行动。当你开始为那个海边的日出之旅攒钱，或者为了支持朋友的产品而学习市场营销，这些实际的步骤，比千言万语更具有说服力。

乐观是"画大饼"的调味品。在团队项目遇到挑战时，你可以说："这正是检验我们实力的时候，搞定它，咱们就是无敌的！"

然而，"画大饼"也需要适度。过度的夸大可能会让人迷失方向。因此，我们需要在梦想与现实之间找到平衡，庆祝每一个小小的进步，让对方感受到成长的快乐。同时，要留意对方的反馈，适时调整你的愿景，确保它既美好又可及。

说话攻略

"画大饼"不是一种操控人心的技巧，而是一种积极向上的生活态度。在爱情和友情的旅途中，适时地为对方绘制愿景，不仅能增添生活的色彩，还能强化彼此的情感纽带。

学会取悦对方，
压倒对方对你没什么好处

　　在人际交往的棋盘上，我们有时会走入一个误区，以为在争论中压倒对方、赢得辩论就是获得了胜利。但生活往往不是一场零和博弈。

　　表面上看，压倒对方似乎赢得了权力或优势，但这往往是建立在牺牲关系的基础上的。两个人的互动就像跳一支舞，如果一方总是试图控制节奏，另一方就会感到被束缚、被边缘化，最终失去了共舞的乐趣。在人际关系的舞台上，压倒对方其实是一种短视行为，它只关注眼前的胜利，却忽视了长远的和谐共赢。

　　取悦对方，并不是说要放弃自我，而是意味着我们愿意去理解、尊重和照顾对方的感受。这是一种基于平等的互动方式。通过取悦对方，我们能够与人建立更深的信任和联系，这种联系比单方面的胜利更有价值。

　　在真正健康的关系里，没有输家，只有共同成长的伙伴。就像在一场精彩的团队比赛中，每个人都是赢家，因为团队的胜利才是每个人的胜利。记住，人际关系的艺术不在于压倒对方，而在于共同创造和谐的乐章。

张军和李文从小一起长大，情同手足，对彼此十分了解。两人都爱好下象棋，常常相约对弈，这一点在李文结婚之后也没有改变。

一个周末，张军和李文在客厅里摆开象棋盘，准备来一场对弈。厨房里，李文的妻子岑娜忙着准备午餐，锅铲声中传来的阵阵香气，预示着一顿丰盛的家宴即将上桌。

棋局紧张，张军和李文都全神贯注。忽然，厨房里传来岑娜温柔地呼唤："李文，能帮我一下吗？"那声音柔和中带着一丝不容忽视的力量。李文立刻放下棋子，几乎是小跑着冲进了厨房，留下张军一个人坐在客厅里对着棋盘思考接下来该如何应对。

没多久，李文一边啃着一根胡萝卜，一边回到了棋盘旁，含糊地问："到谁了？"张军看着吃得津津有味的李文，忍不住问："你什么时候喜欢上吃胡萝卜了？"

李文嚼着胡萝卜，目光飘向厨房的方向，低声说道："其实我不太喜欢。"

张军百思不得其解，疑惑地皱起眉头，继续问道："那你为什么还吃得这么起劲？"

李文笑了笑，语气中带着一丝温柔地回忆："刚结婚那会儿，我们手头紧，连水果都买不起。娜娜知道我喜欢吃水果，就买了胡萝卜回来，说是营养丰富。我看她那么用心，不忍让她失望，就跟她说我从小就爱吃胡萝卜。后来，我们经常一边看电视一边啃胡萝卜，感觉挺温馨的。"

张军惊讶地问："这么多年，你从来没有告诉她你其实不喜欢吃胡萝卜？"

李文眨了眨眼睛，脸上满是幸福的笑意。他靠近张军，低声说道："告诉她干吗？她要是知道我不喜欢吃，心里肯定会难过。我宁愿她一直觉得我爱吃胡萝卜。"

棋局接近尾声，李文险胜。他得意洋洋地朝厨房喊道："老婆，我赢了！赢老张一次可不容易，你给我吃的胡萝卜果然让我精神百倍！"岑娜端着刚出锅的菜从厨房走出来，脸上的笑容如阳光般灿烂，眼中闪烁着幸福。

张军看着这一幕，心里突然明白了什么。原来，在一段亲密关系中，有时取悦对方比追求真相或胜利更重要。李文用一个小小的善意谎言，换来了家庭的和谐与温馨。这份包容和爱，比赢得任何一场棋局都更珍贵。

共鸣对方的感受，是一种深层次的取悦。面对他人的困惑或挑战，我们可以通过共鸣来表达理解和支持："我完全理解你现在的感受，那种情况确实让人头疼。"这种同理心的表达，能够让对方感到温暖和力量。

鼓励对方，是激发其内在潜力的有效方式。对于他人新的想法或计划，我们可以说："你的想法很有创意，我觉得值得一试。"这样做不仅能够增强对方的自信，也能够推动他们向目标迈进。

说话攻略

　　取悦他人，并非一种做作的行为，而是一种自然而然的人际互动。保持这份真诚，让每一次交流都充满意义，都能够触动心灵，从而让我们的生活更加和谐、美好。

微信扫码

① AI贴心闺蜜
② 成长必修课
③ 情商进阶营
④ 幸福研讨室

Women's Communication Strategy

第三章

滴水不漏，达到回答制胜的目的

沟通时，言辞是把双刃剑。想说话滴水不漏，先得学会倾听和思考。"言多必失"，话多易露破绽。回答要直击要害，清晰有力，不求华丽，但求精准，这样才能让每句话都达到想要的效果。

听得准，才能答得好

"马冬什么呀？"

"马冬梅。"

"什么冬梅？"

"马冬梅。"

"马什么梅？"

……

这个电影情节并不陌生，用"打岔"来找梗是很多喜剧的实现手段。只是生活当中还真有那么一部分人，没听清别人表达的意思，就开始自己说；甚至别人没有说完，自己就急着回应，以为这样可以给人积极沟通的感觉，可结果往往是，答非所问，甚至给对方留下了很不舒服的感觉。

沟通不在于你说得多好，而在于你听得多准。听得准，是理解对方的前提。只有当我们真正去听对方说话的内容，甚至去体会其言外之意，才能准确抓住对方的需求和情感。一个细致的倾听者，往往能够在对话中发现那些隐藏在表面之下的真正问题，从而给予更恰当的回应。

举个例子，当朋友向你倾诉烦恼时，表面上他可能是在抱怨工作，但实际上，他可能是在表达对生活状态的失望或对未来的迷茫。如果你只听到他的抱怨，给出一些"你得好好工作呀"的建议，可能会让他感到更加孤立无援。但如果你能够听出他内心深处的困惑，或许一句"我能理解你的焦虑，我们一起想想怎么面对"会更让他感到安慰和支持。

林清是一家小有名气的工作室负责人，专门为大型企业提供网络和通信解决方案。她技术过硬，服务到位，生意一直红火。然而，最近她发现一个长期合作的客户，李经理所在的公司，突然减少了合作次数，这让她不免心生疑虑。为了弄清原因，她决定主动约李经理见面，了解情况。

两人约在一家环境优雅的餐厅。餐厅灯光柔和，氛围宁静，非常适合深入交谈。刚一坐下，趁着还没上菜，林清就忍不住开口："李经理，咱们合作一直挺顺利的，怎么最近找我的次数少了？是你们的设备问题都解决了，还是另有其他原因？"

李经理放下茶杯，神色间有些迟疑："林清，我们之前合作确实很愉快。但最近公司招了个新人，懂行的小问题自己就能解决，因此……"

林清一听，心里一紧，赶忙说道："李经理，招个人的成本可不低啊！我收费一直很合理，咱们合作这么多年，您也知道我的效率。"

李经理点点头，缓缓说道："是，你的技术我们肯定是认可的，但有时候你忙起来，事情拖着也不是办法。"

听到这，林清不自觉地打断："我虽然有时忙，但你们的事我一直是优先处理的。网络这块，还是得交给专业的人来做，对吧？"她身体微微前倾，语气急切，试图挽回局面。

李经理的眉头微微皱起，语气变得有些不耐："林清，我既然来了，就是想诚心跟你聊聊。可你连我的话都不听完，怎么知道我真正的意思？"

林清没意识到李经理的不快，依旧试图解释："我明白，我再补充一句……"

话没说完，李经理终于忍不住站了起来，重重拍了下桌子，声音低沉却坚定："够了！你根本不听我说话，以后就别联系了！"说完，他头也不回地离开了餐厅，留下一桌没动的菜肴和愣在原地的林清。

林清坐在那里，心里五味杂陈。她反复回想刚刚的对话，才慢慢意识到自己错在何处。李经理本是诚意满满前来沟通，而她却因急于辩解和维护合作机会，忽略了最重要的一点：倾听。

真正有效的沟通不是急于表达自己的观点，而是用心去听懂对方的话，理解背后的需求和感受。或许，如果她当时能耐心地听完李经理的话，结果会完全不同。林清深刻地领悟到，在人际交往中，倾听远比说话更有力量。

话语就像一场突如其来的暴雨，信息的洪流中，真正有价值的珍珠往往隐藏在不起眼的角落。要想在这片信息的海洋中捞到珍珠，关键就在于你能不能从对方的话语中捞出那些闪闪发光的金点子。

要想抓住对方话语里的精髓，首先得学会真正地倾听。听别人说话时，在心里为自己的发言准备草稿容易漏掉对方真正想表达的点。倾听的时候，要像侦探一样敏锐，注意对方的语调起伏、说话时的停顿，还有那些被反复强调的词，这些都是线索，能帮你找到重点。

　　然后，要特别注意那些被对方挂在嘴边的内容。如果某个观点或感受被对方一再提起，那它很可能就是对方想强调的重点。这些重复的信息，就像是对方心中的小红旗，你得留意。

　　别忘了，肢体语言和面部表情也是信息的宝库。一个人在谈论某个话题时的激动或严肃，往往暗示着这个话题对他来说很重要。通过观察这些无声的线索，你能更准确地捕捉到对方的真实意图。

　　如果你对对方强调的重点不太确定，那就大胆地确认一下，直接问："你刚才说的，哪部分是最重要的？"这样的直接沟通不仅能避免误会，还能让对方感到自己的话被重视。

　　最后，保持一颗开放的心。有时候，真正重要的信息并不是直接说出来的，而是那些藏在字里行间的。学会在言外之意中寻找深意，这需要我们放下成见，真诚地去理解对方的立场和感受。

　　掌握说话中的重点，需要我们在倾听中磨炼、在细节中发现、在非语言中观察、在确认中明确、在开放中理解。通过这样的努力，我们不仅能让交流更加顺畅，还能在人际关系中建立起更深层次的联系。

说话攻略

　　　迅速捕捉对方言语的精髓就像在棋盘上占据先机，能让你在对话中自然而然地引领话题，而不是被动跟随。

不会回话，
该怎么巧妙化解尴尬

　　生活就像那条你每天路过的小河，悄无声息地流淌着。有时候，我们在聊天的时候，会遇到那种让人突然卡壳的瞬间，就像河里的小石子突然绊了你一下。这种时候，你可能会觉得尴尬，就像冬天里突然吹来的一阵冷风，让人不自觉地缩了缩脖子。

　　但这些沉默的时刻，真的那么让人不舒服吗？其实，它们可能是生活给我们的小惊喜——一个安静的小角落，一个自我反思的好机会。在这些时候，你不必急着找话来说，也不必因为一时的沉默而感到紧张。

　　试着深呼吸，放慢你的节奏，让自己沉浸在这份宁静之中。让时间在这一刻稍微停一停，让你的思绪自由地飘一会儿。在沉默中，我们的心灵可以慢慢沉淀，我们的思维可以变得更加清晰。有时候，那些灵光一现的想法，就是在这种静谧的时刻悄悄冒出来的。

一个小小的微笑、一个轻松的手势、一个专注地倾听，这些看似不起眼的小动作，却能在不经意间让对话变得流畅，就像是给生活加了点润滑油。

生活中，沟通总有那么几个让人心跳加速的瞬间，就像是在薄冰上跳舞，一不小心就可能滑倒。面对那些让你一时语塞的时刻，别急着找词，沉默有时候也是一种智慧，就像是一个深呼吸，让你有时间思考下一步怎么走。

周晓是一名刚刚加入新公司的市场策划专员，工作不久后，她就被邀请参加一个公司内部的讨论会。这是她第一次参与高层的会议，紧张感随着会议的进展逐渐加剧。坐在会议桌旁，周晓面对着一群经验丰富的同事和领导，手心早已沁出了汗。

讨论刚开始时，她只是默默地听着别人发言，不敢轻易插话。但随着会议的深入，领导突然抛出了一个关于市场营销策略的开放性问题，点名让她发表一下看法。周晓顿时一愣，脑子一片空白。

那一刻，时间仿佛停滞了。她感受到房间里的目光纷纷聚焦在自己身上，就像河里的石子突然绊了她一下，让她措手不及。她感到脸上发热，心跳加速，张了张嘴，却不知道该如何组织语言，尴尬如同冬日的寒风，扑面而来。

此时此刻，沉默显得格外刺耳，空气仿佛也凝固了。周晓本能地想要说些什么来打破这种僵局，可脑子里却一团乱麻，越是想说话，越是语无伦次。

就在这时，她突然想起了朋友乔然曾给她的建议："遇到说不出话的时候，不用急，沉默不一定是坏事，先笑一笑，给自己一点时间。"于是，周晓深吸了一口气，努力让自己平静下来。她露出一个轻松的微笑，微微点了点头，以一种专注的姿态向领导表达出她正在思考的状态。

几秒钟后，她轻声说道："这个问题确实值得深思，我刚刚在脑海中整理了一些想法，但可能还需要进一步理清思路。"她的语气平和，不急不躁，仿佛是在与自己对话。周围的同事们见她从容的态度，也放松了下来，领导点点头，示意她继续。

在这短短的几秒钟内，周晓理清了些思路。她用条理清晰的语言陈述了自己对于市场营销的一些初步见解，虽然不够完善，但她用专注的态度和积极的反应赢得了会议室里其他人的认可。

会议结束后，周晓如释重负。她意识到，刚才那几秒的沉默并没有让她失去表现的机会，反而给了她一点缓冲的时间去思考。回想起来，那段看似尴尬的沉默，其实并不像她最初想象得那么令人不安。通过一个微笑和几秒钟的思考，她找回了自己的节奏，成功化解了那场意外的"冷场"。

生活中的每一次"卡壳"，都可以变成一个契机。如果我们学会在沉默中微笑，在冷场中放松，不仅可以巧妙化解尴尬，还能给自己更多的时间去找到最佳的应对方式。

微笑就像是沟通中的万能钥匙。比如在网上聊天，突然不知道该怎么接话，一个表情符号就能让对话继续。面对面的时候，微笑同样有用，它就像是冬日里的一缕阳光，能温暖气氛，也给你争取到思考的时间。

其实，遇到自己不会回话，又不太善于用技巧的情况，用一个同对方共情的表情回复就很好，保持一颗平和的心，用积极的态度去面对，你会发现，尴尬不过是过眼云烟。真诚和自然是沟通的钥匙，它们能够帮助我们在人际交往中游刃有余，让每一次对话都成为一次愉快的交流。

说话攻略

我们遇到那些让人语塞的瞬间时，不妨将其视为一次心灵的对话，一次与自己和他人深入交流的机会，不必害怕沉默，不必逃避无言，因为正是这些瞬间，塑造了我们沟通的智慧。

抓住关键词，
开口就能说中要害

"哎呀，你真的是笨得没治了！"

"这身西服挺帅气的，可惜穿在了你身上。"

"你再怎么努力，也不能成功的！"

……

日常生活中，你遭受过类似以上这种话语的伤害吗？当我们和其他人谈话的时候，并不能保证在场的每个人都抱着同样的目的在进行这场谈话，也不能保证所有人都有较高的情商能够不说错话。总有人或是因为性子直、情商低，或是为了达成自己的目的，说一些讽刺人、挑衅人的话。

面对别人的挑衅或不友好的言论，一开始我们可能会选择沉默，希望这样能够避免冲突。但有时候，这种沉默会被误解为软弱，就像是在告诉对方："来吧，我这儿的柿子软，随便捏。"结果，对方可能会变得更加咄咄逼人。

然而，当我们决定反击，学会用言语保护自己时，又可能会发现，这样做可能会让气氛变得紧张，甚至可能会给在场的人留下不好的印象。这就像是在一场优雅的舞会上突然跳起了激烈的街舞，虽然展现了个性，但也可能让一些人感到不适。

那么，我们该如何在保持自我尊严的同时，又不失风度呢？我们要认识到，沉默并不总是金。有时候，适当的回应是必要的，它可以表明我们的立场和界限。但这种回应不一定要尖锐或具有攻击性，而是可以是坚定而有礼貌的。

米娜，一个用文字追逐梦想的女孩，她的小说在网络上流传，但总是缺少那么一点火候。不过，她从不放弃，坚持自己的梦想，不断写作。终于，她的努力得到了回报，她的小说《梦想的翅膀》意外爆红，还赢得了文学界的最高荣誉。

颁奖典礼的夜晚，会场里灯光闪烁，气氛热烈。但就在这样一个欢乐的时刻，她的老对手出现了，带着一脸假笑，当众挑衅："米娜，你这新书风格大变，是不是有人帮你写了？"

这话听起来像是在夸奖，实际上是在质疑米娜的原创性。米娜要是生气了，明天的新闻肯定会大做文章；要是不回应，那不就默认了抄袭的指控？

但米娜不是那种轻易被打败的人。她冷静地回应："您这么关注我，连我风格变了都知道。那您是怎么知道的呢？难道是有人替您读了，然后告诉您的？"

米娜的回应让现场的观众都笑了起来，她的老对手脸上的笑容瞬间凝固，显得有些尴尬。米娜没有停下，她继续说："我知道，在这个圈子里，总会有人嫉妒别人的成功。但我相信，真正的成功是靠自己的努力和才华赢得的。"

她的老对手试图反驳，但米娜没给他机会，她接着说："我的小说，每一个字都是我自己的心血。我的风格变了，那是因为我成长了，我学到了新的东西。我很高兴你能注意到这一点，但请不要怀疑我的努力。"

米娜的话赢得了现场的掌声，她的老对手只能尴尬地笑着，点头承认。米娜的冷静和智慧不仅化解了尴尬，还赢得了更多人的尊重。

颁奖典礼结束后，米娜被记者围住，他们对她的回应赞不绝口。一位记者问："米娜，你是怎么做到在压力下还能这么冷静和机智的？"

米娜微笑着回答："其实，我只是说出了事实。我知道我的作品是我自己写的，因此我知道我没有做错什么。当你知道真相的时候，你就没有什么好害怕的。"

面对挑战和质疑，最重要的是相信自己。只要你对自己的工作有信心，就能抓住关键词，开口就能说中要害。米娜在故事中，不仅是一位成功的作家，更是一位勇敢的战士，她用自己的智慧和勇气，证明了自己的价值。

要达到这个境界，关键在于让大脑保持像冰镇啤酒一样的清醒。只有这样，我们才能作出最明智的选择，确保我们的言辞真正反映我们的内心，才能敏锐地捕捉到对方话语中的破绽，才能灵光一闪，想出那些让人拍案叫绝的反击，才能确保我们的回应既有力又精准。而且，这样做还能不经意间展示出我们的情商有多高。

那么，怎样才能抓住关键点，找到对方的逻辑漏洞呢？这就像是在玩一场高智商的捉迷藏。首先，你得学会倾听，就像听你最喜欢的乐队的现场演出一样专注。然后，你得像侦探一样敏锐，寻找那些不合逻辑的地方，就像在一堆杂乱无章的线索中找到那个能解开谜团的关键。

比如，当你的对手说："你总是迟到，这证明你不尊重别人的时间。"这时，你可别急着辩解，而是要像剥洋葱一样，一层层分析这句话。你可以幽默地回应："哦，真的吗？那如果我提前到了，是不是就证明我太尊重别人的时间了？"

生活不是辩论赛，我们不需要每次都赢。但当我们需要为自己辩护时，保持冷静，用智慧和幽默去应对，这样我们不仅能赢得尊重，还能赢得友谊。毕竟，谁不喜欢一个既能言善辩，又风趣幽默的人呢？

说话攻略

在面对不怀好意的挑衅时，我们要学会用冷静的头脑、机智的言辞和从容的态度，来化解尴尬，展现自己的风采。

不便回答，
如何巧妙转移话题

"你喜欢我吗？"男孩子问女孩。

女孩笑笑说："今天街上真热闹呀！"

两人相视而笑。

一问一答，有问必答是礼貌，但生活中有很多时候是需要"答非所问"的，不是所有的问题，都要直给一个答案，因为这个答案或许并不是对方想要的，或许是自己没有考虑好的，或许说出来双方都会陷入尴尬……此时，不如答非所问，将对话转到另一个话题上。

不便回答的问题，往往触及了我们的某些敏感点或雷区。这些问题可能源自无心的好奇，或是有意地探询。直面这些问题，有时不仅无益于对话的深入，反而可能引发不必要的冲突或误解。这时，转移话题便成了一种缓和的手段，它能够暂时将对话引向另一条路径，避免直接的碰撞。

巧妙转移话题，是一种对话中的优雅转身。它不是逃避，而是一种策略，一种在保持对话流畅的同时，给予自己和对方空间和尊重的智慧。这种转身需要我们对话题的敏感度和对情境的洞察力，以及对语言的灵活运用。

琳达是个总能聊天聊得火热的女孩，她的朋友们都爱跟她扯东扯西。但是，有时候聊天也会碰到雷区，尤其是家庭聚会时，那些亲戚们的"深度访谈"。

记得那次家庭聚会，琳达一进门就被亲戚们围了个水泄不通。她还没来得及坐下，大姨就抛出了她的"经典三问"："琳达，你今年多大了？有对象了吗？打算什么时候结婚啊？"

琳达心里一紧，但脸上还是挂着微笑，她机智地回应："大姨，您今天的发型真好看！是哪儿的理发店做的？我正想找家好店剪个新发型呢。"

大姨一听，眼睛都亮了，立刻开始滔滔不绝地讲起她的发型和美容心得，完全忘记了刚才的问题。琳达心里偷笑，成功转移了话题。

接着，小姨也加入了谈话："琳达，你工资怎么样？公司福利好吗？"

琳达心里一沉，但她立刻笑着说："小姨，您这衣服真有品味！我最近正想提升一下我的穿搭，您都是在哪儿买的呀？"

小姨听了，脸上乐开了花，开始滔滔不绝地讲起她的购物经验，琳达又一次巧妙地避开了尴尬的问题。

但是，最棘手的还在后面。晚饭时，三姑突然神秘兮兮地问："琳达，我听说你上次和一个男生一起吃饭了，是不是在谈恋爱啊？"

琳达心里一紧，但她很快就有了主意。她装作惊讶地说："三姑，您这么关心我的感情生活，是不是最近在追什么新剧？快告诉我，我也跟着看看。"

三姑被逗笑了，开始兴奋地分享她最近追的电视剧，餐桌上的气氛一下子轻松起来，谁还记得刚才的"八卦"呢？

聚会结束后，琳达心情愉快地回家了。

在我们的日常交往中，难免会碰到一些让人难以启齿的问题。无论是在办公室的闲聊，还是在朋友热闹的聚会中，总有些话题让人不知如何作答。这种时候，学会巧妙地转移话题，就显得尤为重要。

想象一下，如果有人问起你的私事，或者一些你不愿意深聊的内容，你完全可以轻松地把话题带过去。比如，你可以说："这让我想起了一个有趣的故事……"然后，你就可以顺理成章地讲述另一个话题，让对话继续下去，而不会让对方感到尴尬或被冒犯。

幽默，也是化解这种局面的好方法。如果有人问你一个棘手的问题，你可以笑着回应："你这个问题太犀利了，我差点以为自己在接受审讯呢！"既展现了你的风趣，又巧妙地避开了问题，让对方在笑声中忘记了原先的疑问。

此外，当你不想回答某个问题时，也可以把球踢给对方，好奇地问："这真是个有意思的问题，我也挺想知道你怎么想的。"这样不仅避免了直接回答，还能让对方感到自己的观点受到重视，自然而然地将对话的焦点转移到他们身上。

当然，如果你觉得实在避不开，那么坦诚也是一种美德。你可以温和地表达："这个话题我现在不太想谈，不过我很乐意听听你对这件事的看法。"这样的回答既表明了你的立场，又体现了对对方的尊重，通常能够得到对方的理解和接受。

说话攻略

转移话题不是逃避，而是一种智慧的沟通方式，它能让你在不失礼貌的前提下，把对话引向一个更让人舒服的方向。

反问，
以问代答占据主动

　　"我觉得自己已经足够努力了，成功只是时间问题。"

　　"那你认为，努力和成功之间真的只差时间吗？"

　　这是易立竞采访某位明星时的对话，她没有迎面直击指出不可盲目自信，而是轻轻反问，就是这一问，瞬间打破了对方的自信表象，引导对方深入思考自己对于努力和成功的真正理解，也让采访进入了更深层次的对话。

　　反问是一种巧妙的策略，它超越了简单的问答，成为一种深邃的思考方式。反问不仅仅是语言上的回旋，更是一种思维上的舞蹈，让我们在交流中引领话题的流向，把握对话的节拍。

　　反问的巧妙之处，在于它的出其不意和引人深思。当他人提出一个挑战性的问题或观点时，我们不是急于回答，而是用一个问题来回应。这个动作虽小，却能激起对话的层层涟漪。反问能够促使对方重新思考他们自己的立场，有时甚至能揭示出他们未曾注意到的逻辑漏洞。

艾琳娜·费希尔站在一所著名大学的讲台上，刚刚完成了一场精彩的电磁学实验演示。她用娴熟的手法展示了电流与磁场的神秘关系，观众们目不转睛地盯着每一个实验步骤，最后，热烈的掌声在整个礼堂响起。显然，艾琳娜的才华和展示深深打动了在场所有的人。

正当她准备结束演讲时，一位穿着考究的中年男子站了起来，脸上带着明显的质疑："费希尔女士，我想知道，您的电磁学研究究竟能为我们带来什么实际的好处？从现在来看，它似乎只是个花钱的噱头，不是吗？"

礼堂瞬间安静了下来，所有的目光都集中在艾琳娜身上，仿佛期待她如何应对这突如其来的质问。艾琳娜没有立刻回答，她微微一笑，像是正在思考如何用最简单的语言解释这复杂的道理。

几秒钟后，她轻声开口了："这位先生，您的问题非常有趣。"艾琳娜停顿了一下，环视了一下全场，接着说："不如让我也问您一个问题吧——您觉得培养一棵小树的意义何在？这需要花费时间、耐心和资源，不是吗？"

这个比喻让观众们愣住了，包括那位提问的中年男子。艾琳娜温柔地继续道："我们种下小树，并不是因为它马上就会给我们提供庇荫或果实，而是因为它代表着未来。它的成长需要时间，而它将来所带来的好处，则是难以预估的。"

听到这里，观众们开始窃窃私语，似乎意识到了艾琳娜想要表达的

深意。她又接着说："科学研究也是如此。今天，电磁学的研究或许看起来离我们的生活很远，甚至不太'实用'，但这就像种下的树苗，未来会为我们提供无法预见的成果。我们在今天进行的研究，实际上是在为明天的世界铺路。"

她的声音坚定却不失温柔，话语中的智慧与远见让整个礼堂陷入了沉思。那位质疑的中年男子沉默不语，显然被艾琳娜的比喻所打动。很快，礼堂里又响起了掌声，这次更加热烈，甚至带着一丝敬意。

艾琳娜的机智与优雅，不仅巧妙化解了质疑，也让观众们重新思考科学研究的价值和意义。在那个瞬间，电磁学不再是冰冷的理论，而是与未来紧密相连的希望之树。

在面对质疑和挑战时，我们不妨以智慧和幽默来巧妙回应。反问不仅是一种策略，更是一门艺术，它让我们在保持礼貌的同时，能够优雅地化解尴尬，引导对话朝着更有建设性的方向前进。

生活中，我们常常会遇到那些难以回答却又不得不回答的问题。如果我们选择沉默或者回答得不够恰当，很容易让自己陷入被动和尴尬的境地。这时候，如果能够巧妙地使用反问，提出一个与提问者相似的问题，既能避免直接回答问题，又能有效地反击提问者，这无疑是一种机智的应对方式。

当然，反问这种方式虽然好，但如果使用不当，不仅达不到预期的效果，反而可能让自己陷入更不利的局面。因此，我们需要恰当地运用这种技巧，才能达到理想的沟通效果。

比如在工作会议上，如果有人对你的提案质疑，你不必反问"这有什么问题吗？"而是可以问："你对我们的提案有哪些具体的建议？我们可以一起探讨如何改进吗？"如果一个客户对你的产品提出负面反馈，你不必反问"为什么你会这么想？"而是可以问："您对我们的产品有哪些具体的期望？我们应该如何调整以更好地满足您的需求？"

在社交场合中，如果有人对你的个人生活表现出过度的好奇心，你不必感到被冒犯，而是可以巧妙地转移话题："你对我的工作感兴趣吗？我最近在做一个非常有趣的项目。"

通过这些例子，我们可以看到，反问不仅能够缓和对话中的紧张气氛，还能够引导对话朝着建设性和积极的方向发展。关键在于，我们要在适当的时机使用这种技巧，以确保对话的顺畅和有效。

说话攻略

反问是一种有效的沟通技巧，但也需要我们谨慎和智慧地运用。只有这样，我们才能在对话中既展现自己的智慧，又达到沟通的目的，进行更加和谐和富有成效的交流。

猝不及防，
那就沉默几秒钟

  爱辩论的人总挂在嘴边的一句话是"真理越辩越明"，这话没错，但得看场合。就像吃辣椒，有人无辣不欢，有人却辣得眼泪汪汪。真正会说话的人，对气氛的把握就像厨师对火候的掌控，恰到好处。

  如果你发现聊天的气氛突然变得比冰箱里的蔬菜还要冷，或者问题像飞镖一样一个接一个地飞过来，让你措手不及，那么，学会沉默就是一种智慧。这时候的沉默，不是退缩，也不是无话可说，而是一种策略，一种避免在话语的泥潭里越陷越深的智慧。

  沉默更像是给紧张的气氛按下一个暂停键。它可以让你有时间思考，重新组织语言，而不是在压力下说出一些可能会让你后悔的话。就像在足球比赛中，有时候最好的防守就是让对方控球，等待他们犯错。

  当你感到对话的温度开始下降，或者问题像连珠炮一样袭来，不妨先沉默几秒钟。这短暂的沉默，不仅能够让你重新调整思路，也能给对方一个冷静下来的机会。有时候，沉默比千言万语更有力量，它能传达出一种从容不迫的态度，让对方感受到你的自信和沉稳。

于娜有一个从小一起长大的朋友，每次聚会，这个朋友都会喋喋不休地谈论她那套"男人主外，女人主内"的老观念。于娜已经听了无数次，耳朵都快磨出了茧。朋友的观点很明确：女人就该在家里带孩子，打理家务，外面的世界是男人的战场。

于娜心里明白，这都什么年代了，这种陈旧的思想早该被丢进历史的垃圾堆里。但每次朋友一开口，她总是笑笑不语，心里虽然早已不认同，却懒得跟她争辩。于娜觉得，每个人都有自己的想法，辩论这种话题，不仅无趣，还浪费时间。

一天，两人又一次聊到这个话题，朋友似乎察觉到了于娜的沉默有些不寻常，突然挑衅地问："于娜，你是不是觉得我说得有道理？不然你怎么从来不反驳我？"

于娜淡然一笑，轻轻摇了摇头："不同意啊，你说的那些想法早就过时了。"

朋友更迷惑了，语气里透着不满："那你为什么一直不反驳？你平时可是最喜欢说理的呀！"

于娜无奈地叹了口气，语气温和却坚定："以前我确实想过跟你好好辩论一番，但后来我明白了，为什么我非得和你争个高下呢？我们看问题的角度本来就不同，争来争去也不会有结果。有时候，沉默本身就是一种立场，比言辞更有力量。"

于娜的眼神透出一丝坚定的光芒。她早已明白，想要改变一个人根深蒂固的观念，不是通过几句辩论就能做到的。相反，耐心与行动比任何言辞更能让人反思自己的偏见。

生活如棋局，每个突如其来的问题都像是一次"将军"。此时，我们不妨沉默几秒钟，这不仅是一种自我保护的策略，更是智慧的闪光。

比如，在一个紧张的工作会议中，当一个棘手的问题突然抛向你，四周的目光都聚焦在你身上，此时，深呼吸，沉默几秒，你的镇定自若不仅为自己争取了思考的时间，也向同事们展示了你的从容不迫。

或者，在一次家庭聚会上，亲戚提出了一个私人的问题，可能让你感到尴尬。短暂的沉默，加上一个温和的微笑，可以是一种优雅的回避，表明你选择不参与无意义的讨论。

又如，在与朋友争论时，当情绪升温，沉默可以是一种缓和的手段。用几秒钟平复心情，冷静回应，你的回应将更加有力和有理有据。

沉默就像是一位经验丰富的船长，在风暴中稳住舵盘，引导船只穿越波涛。它让我们在对话中展现出掌控力，增强了我们回应的深度，让对方感受到一种不言而喻的力量。

沉默是一种不言而喻的权威，更是一种无声胜有声的交流艺术。

说话攻略

面对猝不及防的问题，没必要争论出个高下，不如沉默，因为懂你的人，不需要争辩，自然就会懂你。

话不说满，
可以攻，可以守

"我的矛，无坚不摧；我的盾，坚不可破。"市集上，生意人夸耀着。

人群中传来一个声音："那用你的矛刺你的盾，会怎样？"

生意人一时语塞，四周响起了低低的窃笑。

在古老的成语故事"自相矛盾"中，我们看到了一位夸下海口的生意人，他宣称自己的矛无物不穿，盾无攻不防。然而，当众人提出以其矛攻其盾时，生意人却陷入了无言以对的窘境。

想想我们日常的小事，比如倒水入杯时，我们总是留有余地，以防溢出；给车胎充气时，我们会根据季节调整胎压，因为空间和温度的变化会影响气体的状态，留有余地才能确保安全。

生活中很多人就是这样，经常把话说得很满，言辞过于绝对，不留余地，那么最终只会束缚自己。其实，中国人很擅长沟通，完美的对话内容是进可攻、退可守的。

说话亦是如此，我们需要给自己留下回旋的空间。当我们在对话中留有余地，我们的话语就有了弹性，能够适应不同的情况，进退自如。

老板正准备启动一个备受瞩目的新项目。这是公司未来发展的关键一步，意义重大。经过慎重考虑，老板决定把这个重任交给李倩——一位以勤奋和执行力著称的女性员工。

交代项目时，老板还是有些不放心，于是问道："李倩，这个项目难度不小，你有信心吗？"

李倩信心满满地笑着回答："老板，您放心吧，这个项目我肯定能搞定！"

听到这句话，老板松了口气，心里觉得李倩一直是个有执行力的员工，相信她能胜任这个重要任务。于是，他全权把项目交给了她，并期待着好消息。

几天过去了，老板发现李倩似乎还没有正式启动项目。他心里嘀咕，或许她是在做充分的准备工作吧，毕竟李倩一贯做事踏实，老板没有多问。可是，时间又过了一周，项目依然毫无进展。老板开始有些焦虑，决定主动去了解一下情况。

他找到李倩，关切地问："项目怎么还没开始？是不是遇到什么难题了？"

李倩露出一丝犹豫，随后坦白道："老板，这个项目比我想象中复杂得多，开始的时候遇到了一些难题。"

老板虽然有些失望，但还是鼓励她："别急，慢慢来，你可以的。"

然而，时间一天天过去，又过了整整一个月，项目依然没有任何明显的进展。更糟糕的是，老板得知竞争对手的类似项目已经取得了突破性的进展。这次，老板再也坐不住了，决定和李倩好好谈谈。

在办公室里，老板的语气变得严肃起来："李倩，一个月了，为什么项目还是一点进展都没有？"

李倩低下头，终于鼓起勇气说："老板，这个项目的技术难度比我预想的要高很多，我发现自己现有的技术根本跟不上，做不来。"

老板听了这话，既愤怒又失望："那你当初为什么答应得那么爽快？"

李倩脸红了，不知道该怎么回答，她也意识到自己当初的自信太过盲目，没有正确评估项目的难度，也没有及时向老板汇报她遇到的困难。

这件事给李倩和老板都上了宝贵的一课。李倩明白了，面对复杂的挑战，不能仅凭一时的自信就贸然承诺，应该更加实事求是，评估清楚自己是否具备胜任的能力。

俗话说得好："人情留一线，日后好相见。"这话放在生活和工作里都挺有道理。不管做什么，说话做事都得留点余地，别把话说太绝了。用上"可能""大概"这样的词，给自己留点退路，这样就算事情有变，我们也不至于下不来台。用上"我试试看""我再想想"，既显得有担当，又不至于把自己逼到墙角。

说话是门艺术，话别说太满，这是一种智慧。不是整天喊着"我能行"，事情就能成的。要是你说"我试试"，结果真成了，那人家不更是对你刮目相看？

无论是职场还是生活，有时候，那些看起来十拿九稳的事，最后也可能出岔子。我们又不是诸葛亮，没那么大神通，因此就别拍胸脯打包票了。要是话说得太满，事儿却没办成，那我们不就成了光说不练的假把式了？

说话攻略

> 说话做事留点余地，这是保护自己，也是尊重别人。它能让我们游刃有余，进退自如。

微信扫码
1 AI贴心闺蜜
2 成长必修课
3 情商进阶营
4 幸福研讨室

Women's Communication Strategy

第四章

环环相扣，说服别人按你的意思去做

说服他人，单靠意愿强烈、言辞犀利可不够。得让对方真心认同你的想法，自愿行动。像水一样柔和引导，别强硬逼迫。逻辑、情感与目标紧密相连，对方自会欣然接受并行动起来。

都是忠言，
肯定顺耳的更容易起作用

"善言如春风，轻柔却有力；逆耳虽忠，却易生拒意。"这句话与那句"良药苦口利于病，忠言逆耳利于行"形成了鲜明对比，细细品味，或许前者更贴近我们温柔的心房。试想，忠言何必总是以刺耳的面貌出现呢？

就连小猫小狗也不乐意被反着摸毛，对吧？我们都知道，良药苦口利于病，但咱们能不能换个招儿，让它不那么苦？就像现在的药片，外面裹着一层甜甜的糖衣，更容易让人接受。忠言逆耳利于行，这话没错，但咱们能不能说得更顺耳些？

被批评，这事儿谁都不愿意摊上。它不仅让人尴尬，还可能因为被否定而心情低落。当然了，很多批评是出于好意，为了我们的成长。但说实话，心里那道小小的坎，确实不是那么容易就能跨过去的。

回望历史，那些敢于直言不讳的大臣们，他们不仅勇气可嘉，更有着非凡的智慧。他们明白，即便是向帝王进谏，也要讲究言辞的艺术，让话语变得悦耳动听。魏征的直谏虽然传为佳话，但也并非时刻都那么"逆耳"。在那个封建时代，一句话说错，后果可能不堪设想。

因此，他们必须情商与智慧并重，既要留下忠诚的美名，又要学会如何以顺耳之言传达真知。这样的智慧，不正是值得我们现代女性借鉴的吗？

这天，销售部的李主管让林倩去办公室一趟。林倩心里直发慌，心想着最近自己是不是有哪件事没做好被发现了。她心里七上八下地敲门，紧张得不行。

李主管见她进来，露出一个温和的微笑，开口说道："林倩，最近你的业绩不错，我一直在关注你的表现。你觉得自己有哪些优点呢？"

林倩愣住了，完全没料到主管会这么问她。本以为这趟是来挨批评的，结果反倒让她有点措手不及。她支支吾吾了半天，依旧没能总结出什么有条理的回答。

李主管轻轻拍了拍她的肩膀，语气依旧平和："其实，我觉得你有很多值得肯定的地方。首先，你学东西特别快，新业务一上手就能马上掌握。其次，你头脑灵活，反应很快，总能及时捕捉到客户的需求和情绪。再次，你做事细致，总能发现别人没注意到的细节。最后，你性格阳光，积极向上，在你的影响下，整个团队的氛围也非常好。"

听到这些话，林倩的眼睛里慢慢露出了光彩，原本的紧张感逐渐消散，心里涌起一阵暖意和自信。她突然觉得自己被主管真正看见了，工作中的种种努力也得到了认可。

见林倩放松下来，李主管继续说道："不过呢，林倩，我也要给你一些中肯的建议。最近我注意到，你在联系客户和跟进工作方面的主动性稍微有些不足。你打电话、见客户的次数明显比其他同事少。我觉得，如果你能稍微再加把劲，不是为了公司，而是为了你自己，你的成绩会比现在更出色。"

林倩听完后，脸上渐渐露出了思索的神情。她这才意识到自己在某些方面确实有所懈怠。于是，她郑重地点了点头，诚恳地承认了自己的不足，并立刻表示未来会更加勤奋，努力提升自己。

李主管的这番话，不仅没有让林倩感到压迫或不快，反而让她感受到一种关怀和鼓励。通过先肯定她的优点，再循循善诱地指出不足，李主管巧妙地让林倩心悦诚服地接受了批评，并激发了她改进的动力。这样的沟通方式温和却深刻，比直接的批评更能触动内心，使人主动去改进。

这种先表扬后建议的方式，既增强了信任，又达成了沟通的目的，真正做到了"好言一句三冬暖"。林倩从这次谈话中汲取了力量，决心在未来的工作中更加努力，回报这份鼓励与期待。

忠言不必逆耳，它可以是春风化雨，润物无声。人生路上，我们每个人都渴望得到那份鼓励与肯定，它们就像夜空中最亮的星，为我们指引方向，照亮前行的每一步。很多时候，当我们在错误中徘徊，内心其实已有所触动，这时，只需一丝引导、一点启示，便足以让我们自我反省，重新踏上正确的旅程。

相反，若是一味地揪住别人的小过失不放，非但达不到批评的效果，还可能激起对方的逆反情绪，让人感觉尊严受损，从而拒绝承认错误。这样的批评，无疑是徒劳无功的。

因此，在提出批评之前，不妨先用心去发现对方的闪光点，用真挚的情感去赞美。这样的举动，能缓和紧张的气氛，让对方感受到尊重与理解。

我们可以这样温柔地表达："你知道吗？我特别欣赏你在××方面的努力和才华，你真的做得非常出色。"随后，再委婉地指出需要改进的地方："如果能在××方面稍作调整，我相信你会更加优秀。"

如此，批评便不再是冷冰冰的指责，而是化作了正面的激励与支持。这样的批评，更容易被接受，也更能发挥实效。让我们用赞美铺设道路，用真诚搭建桥梁，让每一次的批评都成为促进彼此成长的阳光雨露吧。

说话攻略

既然爱，就将爱表达出来，不要声色俱厉还说自己有大爱，火冒三丈还说是为了别人好，殊不知你的"为了人家好"已经给人造成了伤害。

说服对方有技巧，
而不是升级成辩论

很多时候，我们试图动摇他人的信念或改变他人的态度，不经意间就陷入了辩论的旋涡，结果往往事与愿违，渐行渐远。其实，说服的精髓并不在于用华丽的辞藻赢得口头上的胜利，而在于能否深深触动对方的心灵，让他们由衷地接纳你的思想。

真正的说服，是一种心与心的交流，它要求我们放下自我，聆听对方的声音。在这场交流中，重要的不是你说了什么，而是对方听到了什么，感受到了什么。要想达到这样的效果，我们需以同理心去理解对方的立场，用尊重和耐心去化解他们的防备。

说服不是一场你死我活的较量，而是一种心灵的共鸣。它不需要我们强势压倒对方，而是需要我们找到共鸣的纽带，搭建起信任的桥梁。当我们能够站在对方的角度，以充满智慧和同理心的方式去沟通，我们的观点就会如同种子一般，在对方的心田里生根发芽，绽放出绚烂的花朵。

　　林婉如坐在她经营的小书店里，正忙着整理书架。这时，一位年轻的女士走进来，挑选了几本热门的心理学书籍后，走到柜台前准备结账。然而，在扫码支付时，系统却提示价格与书籍标价不符，比标价高出了不少。

　　女士眉头紧锁，显然对这个价格差异感到意外。林婉如见状，立刻微笑着解释道："非常抱歉给您带来了困扰，这本书最近刚调整了价格，但标价签还没来得及更换。我给您按原价结算，再送您一张下次购书的优惠券作为补偿，怎么样？"

　　然而，女士似乎并不满意这个解决方案，她认为既然标价如此，就应该按标价支付，开始质疑书店的诚信问题。气氛一时有些紧张，似乎一场辩论即将展开。

　　但林婉如没有急于辩解，而是深吸一口气，换上了更加温和的语气："我理解您的感受，确实是我们工作上的疏忽给您带来了不便。这样吧，我不仅会按标价给您结算，还会额外赠送您一本我们书店的精选小册子，希望您能找到喜欢的书籍，同时也希望这次的小插曲不会让您对书店留下不好的印象。"

　　女士听后，神情明显缓和了许多。她看了看林婉如真诚的眼神和笑脸，又想了想提出的解决方案，最终点了点头，接受了林婉如的提议。

　　这次经历让林婉如深刻体会到，说服对方并不总是需要据理力争，有时候，一点理解、一点让步，再加上真诚地沟通，就能化解矛盾，达成共识。

　　当和人沟通出现意见不合时，别急着争个谁赢谁输，试着用真诚和尊重去赢得对方的心。林婉如就做得很好，她懂得在沟通这门学问里，有时候一个温暖的微笑、一份贴心的理解，比说上一大堆话还管用。

想要说服别人，可不是硬碰硬的比拼，而是心与心的交流。要是用生硬、没礼貌、冷冰冰的话去说，不仅难以触动人心，还可能让对方心里不舒服，这样的沟通肯定算不上成功。相反，如果我们用真诚、尊重、充满情感的话语去表达，就能走进对方的心里，说服也就变得水到渠成了。

在打算说服别人之前，不妨先细心观察对方的言行举止，甚至是穿着打扮，这些都是了解一个人内心的小窗口。通过这些细微的蛛丝马迹，我们能更好地猜透对方的想法和感受，找到共同之处，让话语更有分量，说服也就变得更轻松了。

说服和辩论可不一样，辩论讲究的是逻辑和道理，而说服则更看重情感的共鸣和心灵的触动。说服就像是一场心与心的旅行，需要我们用心去体会，用智慧去交流，用情感去拉近彼此的距离。只有这样，我们才能赢得别人的信任和认同，让说服变成一种美妙的艺术，而不仅仅是技巧。

说话攻略

用耐心和智慧去耕耘这片沟通的土壤，用尊重和理解去浇灌每一次对话，最终收获的将是双方心灵的共鸣和成长。

把节奏调到一个频道，
对方才能听进去你说什么

"沟通，不是一个人的独舞，而是两个人默契的二重唱。"还记得那部经典的《老友记》吗？罗斯和瑞秋聊天时多有趣，他们有时步调一致，有时又各抒己见，但最后总能巧妙找到共鸣，那语言的火花四溅，直击观众的心房。

生活中，你是不是也有这样的体会：有些人，聊着聊着就觉得好累，甚至心里开始不耐烦；而有些人，哪怕聊得滔滔不绝，也还是觉得没过瘾，一点都不觉得累。这就像两个电台在试着对接，如果频率不同，哪怕你信号再强，对方也收不到你的信息。能碰到一个和自己心灵相通的人，真是件超级开心的事。

这不仅仅关乎说话的快慢，更重要的是情感的共鸣和理解的深度。如果你只顾着自己的节奏，不管对方的感受，那你的话就像是在空荡荡的山谷里回荡，得不到任何回应。但如果你愿意放慢脚步，先听听对方的心声，感受一下对方的情绪，你会发现，沟通的效果会大不一样。

王晓倩是公司里出了名的"话题跳转王"，她总能在不经意间把聊天带向意想不到的方向，让同事们既无奈又觉得好笑。

记得那次公司团建，大家围坐在一起聊旅行。小赵正兴致勃勃地讲他在西藏的旅行见闻："那里的布达拉宫真是气势磅礴，站在那儿，感觉心灵都得到了净化。"

王晓倩忽然插话："布达拉宫？你们说到这个，我想起前几天看了一部纪录片，讲的是西藏的藏香猪，那肉质可嫩了！"

小赵一愣，其他同事也忍不住笑了出来。话题怎么突然从壮丽的宫殿跳到吃的上面去了？不过大家早已习惯了王晓倩的"思维跳跃"。小赵笑着说："西藏是有不少美食，不过我这次主要是看风景，没来得及好好品尝。"

王晓倩却接着说："下次一定要尝尝藏香猪，炖出来的肉简直入口即化，绝对让你忘不了。"

听她这么说，大家纷纷笑出声来。连带队的主管也忍不住调侃道："听你这么一说，我倒是有点饿了。下次团建咱们是不是可以考虑美食路线了？"

类似的情况还有很多。比如在季度工作会议上，市场部的小李正专注地讲述下一季度的营销策略："我们打算通过加大社交媒体的投放，进一步提高品牌曝光率。"

王晓倩忽然兴奋地说道："社交媒体？我昨天刷微博的时候看到一个

特别搞笑的视频，一只猫卡在纸箱里，表情太逗了！"

会议室瞬间陷入了短暂的沉默，紧接着传来压抑不住的笑声。小李无奈地瞥了王晓倩一眼，忍着笑说道："王晓倩，我们还是先说工作计划吧，猫的视频一会儿再聊。"

王晓倩这才意识到自己又跑题了，连忙道歉："哎呀，抱歉，我的思路又飘远了，继续继续。"

虽然王晓倩的"错位"沟通总给大家带来欢笑，但有时候也让同事们头疼不已。他们得时刻准备着，以防被她的话题带跑。这不禁让人想到，无论是工作还是生活，沟通都需要双方调整到同一个频道，才能确保信息的准确传递。

在日常生活中，这样的"频道错位"现象并不少见。就像有时候两个人在对话，一方可能正兴奋地分享着自己的旅行计划，而另一方却在为即将到来的工作忙碌着。如果双方不能及时调整到同一个频道，就会造成沟通障碍，甚至产生误解。

因此，无论是同事间的沟通还是情侣间的对话，都需要我们学会倾听的艺术。不仅要听到对方的话语，更要感受到对方的情感和需求。当双方都能从对方的角度出发，用心聆听，他们就能逐渐调整到同一个频道，建立起真正的理解和共鸣。

由此，在对话中，我们不要急于表达，更不要急于求成，用心聆听，用爱交流，让每一次对话都成为心灵的触碰。这样的沟通，才是真正有价值的。

说话攻略

> 当我们学会在沟通中调整节奏，真正与对方同步，我们所说的每一个字、每一个词，都会在对方心中激起涟漪。

先认同，再反驳，说服易如反掌

"嗯，我懂你的意思，但是……"

这句话，听起来是不是有点像是温柔的陷阱？它其实是个沟通的小心机，用了点心理学的小技巧，先给你点糖吃，再慢慢说出自己的想法。这种"缓冲效应"就像是在给药丸裹上一层糖衣，让人在甜味中不知不觉地吞下苦药。

在我们的日常生活里，无论是在办公室的头脑风暴，还是在家里的沙发会议上，意见的碰撞总是难免的。我们常常需要在轻松的氛围中，巧妙地表达自己的观点，同时赢得他人的理解和支持。

这就像是在做一道精致的料理，你得掌握火候，既要保持食材的原味，又要调和出层次丰富的口感。沟通也是如此，我们需要在保持对话温度的同时，巧妙地加入自己的调料，让对话既真诚又富有成效。

就像亚里士多德所言："要说服别人，先要让他们感到你们是站在一起的。"通过先肯定对方观点中的合理之处，我们能够建立起一种理解和共鸣，这有助于缓和气氛，为接下来的讨论打下良好的基础。

这种沟通方式之所以有效，是因为它让对方先在心理上接受了你的善意。当他们感受到被理解，面对不同意见时，他们的态度会更为开放。在这种基础上，即使是反驳，也会显得更加温和，更容易被对方接受。

欣悦是公司的市场经理，向来以聪明机智著称，但最近她遇到了一个棘手的问题。她的同事阿梅是个固执己见的人，总觉得自己的想法是最正确的，根本不愿意听取别人的意见。每次开会讨论方案时，阿梅总是坚持自己的观点，让欣悦感到很有压力。

这天，会议室里正在讨论一个新的市场推广方案。阿梅又来了，她提了个"天马行空"的主意："我们要在户外广告牌上放个巨大的吉祥物，一只穿着公司制服的橙色松鼠，手里举着个标语牌，上面写着：'我们的服务像松鼠一样迅速！'"

大家心里都在暗笑，但又不敢直接反驳。欣悦看了看众人尴尬的表情，决定换个策略。她微笑着对阿梅说："哇，阿梅，你这个创意真特别啊！松鼠代表速度，这确实抓住了我们服务迅速的特点呢！"

阿梅听了，得意地笑了："是吧，我就知道你们会喜欢这个想法。"

欣悦继续说道："而且，大家看到这么大一只松鼠，肯定会被吸引住！这绝对能让我们的广告效果显著提升。"阿梅点头如捣蒜，仿佛这个创意已经获得了全票通过。

就在阿梅的笑容还挂在脸上时，欣悦突然转了话锋，假装思考地说："不过，我在想，如果松鼠拿着标语牌，大家会不会只看松鼠，反而忽略了我们的服务呢？毕竟，大家可能只记得那只松鼠，而忘了我们提供的服务是什么。这可能会影响我们的品牌形象。"

阿梅微微一怔，欣悦见状，接着笑道："而且，如果我们换个稍微低调一点的创意，比如用实际客户的成功故事来传递我们'快速响应'的服务理念，可能更能让消费者产生共鸣呢？这样既能传递品牌价值，又不会让大家只记住那只橙色的松鼠。"

阿梅迟疑了一下，点点头："嗯，听起来也有道理，或许我们可以再想个更合适的方案。"欣悦心里暗笑，知道自己的策略奏效了。

掌握说服的艺术，其实是一种巧妙的心灵舞蹈。当你试图说服他人时，不必采取正面冲突的方式，因为直面的否定往往会激起对方的防备心理。更明智的做法是，试着换位思考，站在对方的立场上审视问题。

在这个过程中，你可以借用对方的观点作为跳板，温和地引导他们探索不同的可能性。你的目标不是直接指出他们的错误，而是通过提出问题或展示不同的情景，让他们自己发现观点中的潜在矛盾。

例如，当对方坚持己见时，你可以先表达对他们立场的理解，然后轻声问："如果换一个角度来看，情况会是怎样的呢？"或者："在这种情况下，你的观点是否还站得住脚？"

只有减轻对方的防御机制，缓和对立情绪，才能创造一个更为开放和信任的沟通环境，使得说服过程更加顺畅。关键在于，你要让对方感觉到你不是在挑战他们，而是在共同探索真理。通过这种方式，他们更可能打开心扉，接受新的观点。

说话攻略

　　说服不是一场战斗。站在对方的角度去思考，先认同，再反驳，建立起相互尊重和信任的关系，这样的沟通，才是真正有效的沟通。

说服别人的高手，是怎么讲故事的

电影《追梦赤子心》中，主人公鲁迪梦想成为美国圣母大学橄榄球队的一员，但由于身高和体型的限制，被认为毫无希望。为了说服教练给他一个机会，鲁迪讲述了自己如何不畏艰难、坚持不懈地努力训练，甚至在工作之余也从未放弃梦想。这个故事打动了教练，最终他获得了进入球队的机会。

故事之所以拥有如此魔力，是因为它能够绕过理性的防线，直击人心。古希腊哲学家亚里士多德早已洞察到这一点，他认为情感是说服的钥匙。一个引人入胜的故事能够唤起人们的共鸣，激发情感，使人们在不知不觉中接受故事所承载的深意。

这就是为什么许多说服高手会精心编织故事，用它们来传递自己的理念。他们知道，与其用冰冷的逻辑去敲击人心，不如用温暖的故事去拥抱听众，因为人心总是向温暖敞开。

在陈州小镇的一家小工厂里，女主人公林瑶正面临一个大挑战。她的工厂刚接了一个大订单，眼看就要完成了，关键零件的供应却出现了问题。供货商告诉她，原材料紧缺，无法按时交货。林瑶心里明白，这背后肯定有其他原因。

面对困境，林瑶决定亲自出马，用她的方式说服供货商。她知道，直接要求可能没用，得让对方感受到她的真诚，以及这个订单对她的重要性。

见面那天，林瑶没有急着谈生意，而是开始讲起自己的故事。"您知道吗？这家小工厂对我来说不仅仅是生计，它还承载着我的全部梦想。"她微笑着说，"从小我就对机械零件充满了好奇，梦想着有一天能设计出最完美的模具。"

供货商被她的故事吸引，林瑶继续说道："我还记得小时候，我用废旧的零件拼装了一辆小车，虽然它根本无法运转，但那是我人生中的第一个'作品'。现在，我有机会为汽车工业制造真正的模具，这对我来说，象征着童年梦想的实现。"

听到这里，供货商不由得想起了自己年轻时的理想与奋斗。他开始对林瑶和她的小工厂产生了浓厚的兴趣。林瑶趁机邀请他去参观工厂，亲眼看看那些即将完成的模具。

在工厂里，林瑶带着供货商走过一台台机器，详细讲述每个模具从设计到成型的过程。"这个模具经历了无数次试验，才终于达到完美形态。"她分享着每个模具背后的故事，供货商被她的热情和专注所感染，能感受到她对每一个细节的热爱。

到了晚餐时间，两人继续交谈。林瑶依旧没有直接提出请求，而是讲述了工厂里的工人们如何为这个订单夜以继日地辛勤工作。她说："我们所有人都把这个订单当成一次挑战，不仅是为了业绩，更是为了证明我们小工厂的能力。"

供货商被她的真诚和坚持深深打动。他感受到林瑶不仅仅是在经营一份事业，更是在追求她的梦想和价值。最终，他主动对林瑶说："林瑶，你的故事让我感动。我明白了这个订单对你意味着什么。明天我就安排发货，确保你能按时完成。"

就这样，林瑶用她的故事和诚恳的态度打动了供货商，顺利解决了供应问题，还为工厂赢得了宝贵的信誉和进一步发展的机会。这次经历告诉我们，有时候，真诚和故事的力量远比生硬的说服技巧更能打动人心。

故事，这东西就像一股清泉，悄悄溜过我们理性的防线，直击心灵的软肋。早在古希腊，那个爱思考的亚里士多德就发现，情感是说服别人的万能钥匙。一个精彩的故事，能触动人心，激发共鸣，让人们在不知不觉中吸收故事里的精华。

那么，那些说服大师是怎么把故事讲得让人心服口服的呢？

首先，他们会选择那些与听众生活紧密相连的故事。如果故事与听众的生活八竿子打不着，那就像飘在空中的气球，谁也抓不住。大师们懂得这个道理，他们讲的故事，总能让人有"这不就是我隔壁老王的事吗？"的感觉。比如，一个老板想要鼓舞团队迎接新挑战，他可能会讲一个别的团队如何翻山越岭、最终登顶的故事，而不是枯燥地讲一堆大道理。

其次，他们在故事里充满细节，但绝不拖沓。细节能让故事有血有肉，但太多的细节就像赘肉，让人眼花缭乱。大师们知道怎么挑那些能增强故事感染力的细节，把那些无关痛痒的累赘统统砍掉。比如，讲一个团队协作的故事，他们会着重描述团队成员如何各展所长、默契配合，而不是细说某个成员的家长里短。

再次，他们懂得留白，让听众自己去想象。好故事总是给人留下想象的空间，激发听众的思考。说服高手不会把话说得太满，而是留给听众一些空白，让他们自己去填充，这样的故事更容易让人印象深刻，也更容易被接受。

最后，他们擅长用大白话讲大道理。高手们讲故事，总是力求简单明了，因为他们知道，最能打动人心的，往往是那些朴实无华的话语。

总之，讲故事就像烹饪一道佳肴，需要选材得当、调味适宜、火候精准，才能让人回味无穷。

说 话 攻 略

说服的高手懂得如何用贴近生活的故事，配合适度的细节，激发听众的情感共鸣，并通过简洁的语言传递深刻的思想。

学会示弱，
给自己留点余地

　　在这个钢筋水泥的城市丛林里，我们经常被洗脑：只有最强悍的猛兽才能在食物链顶端笑傲江湖。但现实中，真正的聪明人知道，生活不是肌肉秀，而是一场策略游戏。有时候，最聪明的一步棋就是学会适时地放软身段，给自己留点喘息的空间。

　　有句老话曾说："硬碰硬，两败俱伤；软中藏硬，长久之道。"硬邦邦的东西，一敲就碎；而那些柔韧的东西，却能经得起岁月的打磨。示弱，不是举起白旗，而是智慧的体现，是对自己实力的自信，也是对局势的精准把控。就像海浪对岩石，以柔克刚，随着时间的流逝，那些岩石被打磨得光滑如镜。

　　别总是想着要硬撑，有时候，柔软一点，退一步，你会发现世界并不是只有硬碰硬这一种玩法。生活的智慧，往往就藏在那些看似简单，实则深奥的小事小节里。学会在适当的时候示弱，或许你就能在生活的长河中，游刃有余，笑到最后。

年轻设计师李然在广告界的巨头公司里以她的完美主义著称，她我行我素，极度自信，而且固执己见，同事们对她敬而远之，暗地里称她为"铁娘子"。

某天，公司接到了一个大案子，客户挑剔，时间紧迫，几乎不可能完成。大家都紧张得像热锅上的蚂蚁，李然却自信地站出来，坚持要独立完成这个项目。她埋头苦干，把所有的压力都揽在自己身上，完全忽略了自己的极限。

项目中期，李然开始感到力不从心，灵感枯竭，但她仍旧不肯向同事求助，只是一遍遍告诉自己："再坚持一下，马上就好。"直到有一天，她在办公室突然昏倒。

醒来时，她躺在医院的病床上，领导和同事们围在周围。领导看着她，温和地说："李然，你做得很好，但这不是一个人的战斗。我们是一个团队，你需要我们。"

李然躺在那儿，心里五味杂陈。她意识到自己一直在孤军奋战，忘记了团队的力量。

回到公司后，李然决定改变。她开始主动和同事们交流想法，甚至在会议上开玩笑说："我可不是超人，需要你们的智慧。"

一次团队会议上，李然提出了一个设计方案，但遭到了同事小张的质疑："李然，这个设计我觉得还欠点火候，我们是不是可以这样调整一下……"李然深吸了一口气，平静地回应："你说得对，小张，让我们一起把这个问题解决。"

随着项目的推进，李然逐渐学会了倾听和合作。她发现，团队的力量远比她想象的要强大。最终，项目不仅按时完成，还超出了客户的预期。

项目成功那天，李然请整个团队吃饭庆祝。她举杯说："谢谢大家，没有你们，就没有这个项目的成功。我学习了一门重要的课程——柔韧之道。"

李然的改变不仅让她的职业生涯焕发了新的活力，也让她获得了同事们的尊重和友谊。她终于明白，示弱并不意味着失败，而是一种成熟，一种为了更远大目标的智慧选择。

生活就像那条坑坑洼洼的乡间小路，总有那么几块石头挡道。这些石头，可能让你摔个跟头，但也能变成你爬坡时的垫脚石。

碰到这些石头，如果你总是硬着头皮往上冲，很容易就会撞得头破血流。但如果你懂得在适当的时候退一步，换个角度看看，说不定就会发现，原来绕个道就能轻松过去。

在职场上，遇到老板或者同事提些不靠谱的要求，你可能一下子就火大了，想立刻怼回去。不过，这时候先别急着爆发，深呼吸一下，退一步，冷静想想，然后用平和的语气说出你的想法。这样，你可能会发现，自己比那些一点就着的炮仗更能解决问题。

示弱，并不是真的弱，它有时候能让你看到更多的机会，走得更远。就像那些懂得在合适的时候让步的聪明人，他们知道硬碰硬往往没啥好果子吃，而适当的示弱却能带来和平与双赢。

学会示弱，其实是对自己的一种聪明保护，也是对生活的一种深刻理解。这不仅仅是一种成熟的处世态度，更是一种对生活节奏的精准把握，对未来的深思熟虑。

风雨来了，就找个合适的地方避避雨，这并不耽误赶路。当我们学会了在风雨中找地方避避，面对挑战时保持冷静，我们就能更好地掌握生活的节奏，享受生活中的每一个起伏和转折。毕竟，生活不是战场，而是一场需要智慧和策略的长跑。

说话攻略

> 生活中的强者，并不是那些不知疲倦、无所畏惧的人，而是那些懂得在适当的时候为自己留下余地的人。

微信扫码
1 AI贴心闺蜜
2 成长必修课
3 情商进阶营
4 幸福研讨室

Women's Communication Strategy

第五章

困局中随机应变，尴尬中圆通自救

当困境来临时，唯有变通才能打破僵局，将不利转为有利。在尴尬中找到突破口，用灵活的心态应对变化，方能从困局中走出，化险为夷，迎来新的转机。

装糊涂，
忽略掉尴尬问题

老子在《道德经》中曾提到："知者不言，言者不知。"这里的"知者"，就是指那些真正明智的人，他们知道什么时候应该沉默，什么时候应该避开那些无益的争论和尴尬的局面。

装糊涂，忽略掉尴尬问题，是一种智慧，也是一种修养。很多时候，我们会遇到一些让人尴尬的问题，这些问题可能让我们不知如何应对，或者回答了反而会让局面更加尴尬。在这种情况下，装糊涂，不去正面回应，反而是一种高明的处理方式。

当然，装糊涂并不意味着逃避问题或是推卸责任，而是选择用一种更加智慧的方式来化解尴尬和矛盾。

罗莎是一家知名律师事务所的资深律师，业界对她的评价是两个词——敏锐和严谨。她的工作和生活就像精心设计的法庭辩论一样，一丝不苟，毫无漏洞。

当然，罗莎也有遇到尴尬的时候。

那天，罗莎正在为一个即将开庭的复杂案件做最后的准备。这是一起涉及巨额赔偿的商业诉讼，她全神贯注地分析证据和法律条文，甚至没有注意到周围同事的窃窃私语。直到午休时，助理小陈忍不住凑近她，小声说道："林律师，您听说了吗？对方律师是您的大学同学。"

罗莎停下了手中的笔，有些惊讶。她确实没听说过这个消息，而这个大学同学正是当年和她在辩论队里竞争激烈的对手。那些年，两人因为学术和比赛的竞争，关系颇为紧张。听到这个消息，罗莎心中略微有些不安，但她很快恢复了镇定。她清楚，情绪如果处理不好，可能会影响自己的职业形象，甚至对案件本身产生负面影响。

罗莎决定淡然处之。她对小陈笑着说："哦，是吗？这些小事我还真没注意。"随后，她立刻把话题转向了工作："对了，小陈，那份证据资料整理得怎么样了？"

小陈见罗莎轻描淡写，便不再追问，继续专注工作。罗莎用装糊涂的方式，巧妙地化解了这一尴尬局面，专注于手头的任务。

庭审那天，罗莎果然在法庭上见到了她的大学同学——对手律师李萍。两人在法庭上言辞犀利，针锋相对，毫不留情。罗莎依旧保持着她一贯的专业和冷静，将自己的观点层层剖析，精准有力地回应对方的质疑。

庭审结束后，李萍主动走过来，对罗莎说："老同学，真没想到会在这里见到你。还记得我们大学的辩论赛吗？那时候我们可是竞争得挺激烈的。"

罗莎微微一笑，淡然地回应："李萍，我早就放下过去的事情了。现在我只专注于手头的案件。今天的庭审很精彩，下次有机会我们可以好好聊聊。"

罗莎的这番话，不仅表达了她对往事的释怀，也展示了她对工作的专注和尊重。李萍听后也笑了，两人握手言和。

事后，助理小陈好奇地问罗莎："林律师，您真的不介意那些大学时的事吗？"

罗莎笑了笑，轻松地回答："小陈，人生就像在法庭上打官司，有些时候你需要条理清晰地应对每个细节，而有时候则需要装糊涂，忽略那些无关紧要的事情。重要的是，我们要始终聚焦在目标上，不让那些过往的事情扰乱我们的脚步。"

"装糊涂"并不是懦弱或逃避，而是一种睿智的选择。在复杂的职场和人际关系中，懂得适当忽略不必要的尴尬和琐碎，是一种难得的成熟与智慧。

生活里，有时候装装糊涂，就像是给大脑按下了暂停键，让复杂的事情暂时变得简单。比如，朋友聚会时，聊到某个大家都不想碰的敏感话题，气氛突然凝固，这时候装装糊涂，插科打诨，就能轻松地把话题岔开，避免了一场可能的"冷战"。

比如，当你在一次聚会上不小心说错了话，导致现场的气氛一度紧张，若你急于辩解或者过度解释，往往会让情况更加难堪。而如果你能笑着轻轻带过，甚至用一句自嘲化解尴尬，反而能给自己和别人一个台阶，让气氛轻松下来。

处理尴尬问题时，我们应该学会"不见即无事"的态度。面对难以解答的提问、让人不适的场面，直面问题并非唯一的出路。反而，忽略掉那些无关紧要的尴尬，能让你掌控局面，维持自己的尊严和他人的体面。

想要应用这种方法，首先，要学会快速判断场合和情境。并非所有尴尬问题都需要立即回应，有时"冷处理"反而是最有效的解决方式。

其次，保持淡定的态度，不要被情绪所左右。自信和从容是你化解尴尬的利器。

最后，不必对每一个尴尬场景都过度反思。有时候，别人根本不会把它当作问题，反而是你自己在心里放大了它。如果你能用更开放的心态看待这些小小的波折，你会发现，这些尴尬往往只是生活中的小插曲，不必放在心上，生活的大局依旧在你的掌控之中。

说话攻略

用"难得糊涂"的态度去面对生活中的难题，你会发现，很多看似棘手的问题，其实并没有那么难解决。重要的是，我们要学会放下执念，保持一颗豁达的心，以智慧应对一切。

巧用幽默，
接住别人的恶意玩笑

生活就像是一道复杂的菜，有时候你会碰到一些调料，它们表面上是糖，尝起来却是盐。有些人开玩笑，听起来像是在逗乐，实际上却带着刺。

面对这种带刺的玩笑，有的人可能会选择直接怼回去，有的人则可能选择默默承受。但这两种做法，要么让你自己心里不舒服，要么就让对方觉得他们赢了。

这时候，最好的招数就是用幽默来打个圆场。幽默就像是一瓶万能的调料，能让紧张的气氛瞬间变得轻松，让那些看似难缠的问题变得不那么棘手。

幽默回应，就像是在对方的攻击上轻轻一跃，不仅避免了陷入情绪的泥潭，还能在轻松的气氛中巧妙地把对方的恶意化解于无形。真正的幽默，不是为了让周围的人都笑，而是在面对挑战时，你依然能保持一颗平静的心。

用幽默来回击那些不怀好意的玩笑，不是逃避问题，而是一种更高级的处理方式。它不仅能让你在冲突中保持风度，还能让对方意识到他们的小把戏并不高明。因此，当生活给你开了一个玩笑，不妨也幽默地给它一个微笑。这样，你不仅能赢得尊重，还能让生活变得更加有趣。

一天，公司举办了一场轻松的小型聚会，大家围坐在一起，边喝饮料边聊天，气氛非常融洽。米薇是一位性格温和的职场女性，平时大家都知道她话不多，但很有自己的想法。

突然，一个喜欢开玩笑的同事小张，决定捉弄一下米薇。他大声说道："嘿，米薇，听说你最近在学弹钢琴，来给我们表演一曲吧？"

其实，大家都知道米薇的钢琴水平并不高，她自己也常开玩笑说还在"弹初级练习曲"。被突然点名，米薇感到有些尴尬，微笑着低头准备找借口推辞。

但小张并不打算放过这个机会，继续说道："来嘛，米薇，别害羞，给大家展示一下你的才艺！"

此时，米薇脑海里闪过一个主意，她决定用自己的方式巧妙化解这场尴尬。她站了起来，笑着说："好吧，小张，既然你这么诚心邀请，那我就不推辞了。不过在我开始前，我得先说明一下，我的钢琴水平和你跳舞的水平差不多——都是新手水平。"

这句话立刻引发了大家的笑声，大家都知道小张的舞步还停留在学校晚会的水平，听到米薇这么一说，小张也意识到自己被轻松反击了。他笑着摇摇头，做了个夸张的舞步，假装要"展示"一下他的舞蹈功夫。

米薇见大家笑得正开心，便接着说道："现场没有钢琴，我可能无法为大家表演一曲了。不过，我倒是可以给大家讲一个钢琴家的笑话。"

她开始讲笑话："有位钢琴家在街头演奏，结果一只小猫走过来，跳到了琴键上，踩出了一连串乱七八糟的音符。钢琴家无奈地叹了口气，但小猫转过头来看着他，喵了一声，仿佛在说：'别担心，我是在给你的演奏加点创意。'"

这个可爱的笑话让大家笑得更加欢乐，连小张也忍不住加入了笑声的行列。他走过来拍了拍米薇的肩膀，说："好吧，米薇，你赢了！你的笑话确实比我的玩笑有趣多了。"

幽默，它是一种生活的艺术，一种高情商的展现。它不是在冲突和尴尬之外徘徊，而是勇敢地走进这些"事故现场"，用笑声和机智将问题化为无形。

想象一下，当生活给你带来一个意外的尴尬，你会怎样应对？是手足无措，还是用幽默来化解紧张，让笑声成为最好的回答？高情商的人会选择后者。他们知道，幽默不仅能让自己摆脱困境，还能带给他人欢乐和轻松。

正如莎士比亚所言："幽默和风趣是智慧的闪现。"这不仅是一种智慧的体现，更是情商的高度展现。它能让话语变得更加悦耳，让记忆变得更加深刻。

那么，我们该如何培养这种幽默感呢？其实，幽默并不是口才好的人的专利，我们每个人都有幽默的潜力，只要我们愿意去发现生活中的小趣味，去观察、去感受、去表达。

还可以观察那些你认为幽默的人，学习他们是如何运用语言、肢体语言和时机来制造幽默的。比如，喜剧演员如何用夸张的表情和语调来增强笑话的效果。通过模仿和学习，你可以逐渐找到适合自己的幽默风格。

因此，当尴尬或冲突不期而至，不要慌张，不要逃避，用幽默的语言来为自己解围，用笑声来缓解紧张。这样，你不仅能赢得他人的尊重，还能展现出你的智慧和风度。

说话攻略

幽默是智慧的光芒，那些拥有幽默感的人，都是聪明而富有洞察力的，他们懂得用幽默来化解难题，让一切事情都处理得游刃有余，恰到好处。

不懂踢皮球，很容易被难住

学生向老师求助："老师，这个问题我不懂，您能帮我吗？"老师说："这个问题你应该问你们班的学霸，他们应该懂。"

在政府服务中，公民寻求帮助，公务员回答："这个问题你应该去问审批部门，我们这里只负责提交材料。"

家庭生活中，孩子找不到作业本时，妈妈说："去问你爸爸，他可能知道放哪里了。"

……

这种对话就是"踢皮球"似的对话。这种对话一般不太招人喜欢，很像在推脱责任，但如果仔细、正面思考一下，这也是一种沟通的智慧！

"善于借力的人，才能走得更远。"这句话提醒我们，智慧不仅在于独立解决问题，更在于知道该何时借助他人的力量，这是"踢皮球"的智慧。

"踢皮球"就是学会在适当的时候转移问题，将其转交给更适合解决的人或团队。这种策略并不意味着无所作为，恰恰相反，它需要我们对问题有清晰的认识和判断力，知道自己该处理什么，不该处理什么。

当我们学会在合适的时机将问题"踢"给那些更有能力或资源的人去处理，我们不仅能够避免陷入问题的泥沼，还能为自己争取到宝贵的时间和空间。这样，我们就能将精力集中在那些真正重要的事情上，从而更高效地实现目标。

这就像在球场上，一个聪明的球员知道何时该传球，何时该自己带球突破。如果每个球员都只想自己得分，那么整个团队的协作就会受到影响。相反，那些懂得在合适的时机传球的球员，往往能够帮助团队赢得比赛。

公司最近接了一个重要项目，乌雅作为项目的核心成员，负责协调各个部门的工作。项目的复杂性超出了她的预期，她开始感到有些力不从心。

一天，乌雅在办公室加班到很晚，她的同事小李走了进来，看到乌雅一脸疲惫，便关心地问道："乌雅，你还好吧？看起来你最近真的很忙。"

乌雅叹了口气，说："是啊，这个项目太复杂了，我感觉有点应付不过来了。"

小李想了想，说："其实，你可以把一些工作分给我们。我们都是团队的一部分，应该共同分担压力。"

乌雅犹豫了一下，她习惯了自己解决问题，不太习惯依赖别人。但看着桌上堆积如山的文件，她终于开口："小李，你能帮我处理一下技术部门的协调工作吗？我对那部分不太熟悉。"

小李爽快地答应了："当然可以，我们一起努力，一定能把项目做好。"

在小李的帮助下，乌雅逐渐学会了将工作分配给团队的其他成员。她发现，每个人都有自己的专长和优势，通过合理的分工，整个团队的效率大大提高了。

项目成功完成后，公司举行了庆功宴。在宴会上，乌雅感慨地说："这次项目的成功，离不开大家的共同努力。我学到了一个重要的教训——在职场上，我们需要学会信任和依赖团队。"

乌雅的上司也对她的改变表示赞赏："乌雅，你这次的处理方式非常成熟。记住，职场就像球场，一个人的力量是有限的，团队的力量才是无穷的。"

在职场上，我们不需要做超人，也不需要独自承担所有的压力。学会"踢皮球"，学会将问题交给合适的人去处理，是一种智慧，也是一种成长。通过合理的分工和合作，我们可以更好地应对挑战，实现个人和团队的共同发展。

在生活的长河中，我们每个人都是探索者，面对着波涛汹涌的挑战。懂得"踢皮球"，不仅是一种技巧，更是一种智慧，它教会我们如何在逆境中寻求帮助，如何在团队中寻求合作。

没有人是无所不能的。当我们在不擅长的领域里挣扎时，虚心求教，借助他人的长处，往往能让我们以更少的力气达成目标。中国古语有云："三人行，必有我师焉。"这句话提醒我们，与其固执地在一个问题上死磕，不如转变思路，借助团队的力量，共同突破难关。

当然，"踢皮球"不是逃避责任的借口，而是需要我们掌握的一门艺术。它要求我们在求助与合作时，也要有分寸和技巧。过度依赖他人，或者一味推诿责任，都是不负责任的表现。我们需要明白自己的核心职责，知道哪些是自己的责任，哪些是可以通过合作来完成的。

在"踢皮球"的过程中，我们要清楚自己的定位，既要勇于承担责任，也要敢于放手。这样，我们才能在各种挑战中游刃有余，不被困难轻易难住。

懂得在生活中"踢皮球"，并不是逃避或推卸责任，而是一种在关键时刻懂得分工与合作的智慧。它体现了一种深刻的生活哲学：在复杂多变的现代生活节奏中，我们不可能孤军奋战，也不可能万事不求人。学会在需要时寻求帮助，不仅能让我们的工作事半功倍，更能让我们的生活更加和谐与高效。

这种智慧，不是简单的技巧，而是一种对个人能力边界的清晰认识，一种对团队协作力量的深刻理解。它告诉我们，在面对挑战时，不必硬撑，不必独自承担所有重担。相反，我们应该学会倾听他人的建议，借助他人的长处，共同解决问题。

说话攻略

在生活的旅途中，有时候，最佳的前进方式不是孤军奋战，而是携手同行。通过合作与互助，我们可以走得更远，达到更高的境界。

学会自责，
别人就不好意思再责备你

生活是一个过程，我们在这个过程中的所说所做，都会有犯错的可能，面对错误，你会怎么做呢？

是极力狡辩，想办法隐瞒或者把错误推到别人身上？

还是积极主动地承认错误，并且尽最大努力反省自己的过失？

这两种做法是人面对错误的时候，最普遍的两种反应方式。我们从小就被教育要诚实，知错就改，为什么大多数人还是不愿意承认错误呢？原因很简单，因为人人都害怕受到指责，害怕因为错误失去别人的信任。他们心里抱有侥幸：不承认错误还有掩盖过去的可能，承认错误可就是"死路"一条了。

但是"死鸭子嘴硬"的做法并不是正确的选择，而且还具有极大危害。回避过失、掩盖错误，实际上是在放弃反省和提高自己的机会。更严重的是，不懂得自责和忏悔的人，更容易失去别人的信任，成为不被欢迎的人。真正到了那个时候，再想挽回和纠正，就真的晚了。

相反，如果我们能够正视自己的错误，能在别人指责之前，就抢先一步，积极主动地改正，让别人不忍心再开口责备，那么我们不仅能够进步，还能重新得到信任和重用，更快速地成长起来。

许多人都看过《欢乐颂》这部时尚都市剧，不仅欢乐颂五美非常养眼，其中的职场知识也非常实用。记得有一次职场小白关雎尔被同事强行塞了许多工作，结果工作出错了，她也转眼就被同事给出卖了，真是费力不讨好，最后还要被经理骂。

经理已经批评了她，她心里不服，经理也看得出，如果这种状况继续下去，关雎尔的转正就很危险了。关雎尔很伤心，她向安迪哭诉，觉得自己很委屈。而安迪却理智又冷静地替她分析，最终为关雎尔找到了弥补的办法。

关雎尔当晚就给经理写了一封认错的信，摆正自己的态度，正视自己的错误，还在信中提出了解决办法。一大早，她把信放在经理桌上，就趴在工位上心无旁骛地工作起来。

上班时间到了，经理路过她的工位，心情还是不太好，但是当经理坐下来，看到桌上那封信，再看看认真工作的关雎尔，马上笑了起来。这一笑，我们就知道，这次事件，经理不会看低关雎尔，不会抓着她的错误不放了。

正因为关雎尔及时反省检讨自己，才能堵住经理的嘴巴，这就是我们说的主动承认错误的作用。关雎尔这个乖乖女，认真检讨的样子，让经理宽容大度地原谅了她的错误。

　　自责，不是自我贬低，而是一种力量，一种勇于面对真实自我的力量。它让我们在生活的舞台上，不逃避，不推诿，而是直面自己的不足。当我们敢于承认错误，以一颗真诚的心去表达改正的决心时，我们不仅能够平息他人的不满，更能赢得他们的尊重和信任。

　　比如，一个团队项目失败了，如果团队成员能够主动站出来，承认自己在项目中的失误，并提出具体的改进措施，那么这种自责不仅能够减轻团队的压力，还能够增强团队的凝聚力。又或者，一个学生在考试中得了低分，如果他能够认真反思自己的学习方法，而不是抱怨题目太难或老师评分不公，那么这种自责将是他学习进步的开始。

　　《左传》中曾说："过而能改，善莫大焉。"勇于自责，是对自己和他人负责的态度。它不是自我否定，而是一种自我提升的开始。在生活中，我们每个人都可能会犯错，但关键在于我们如何面对这些错误。如果我们选择逃避，那么错误就会成为我们前进道路上的绊脚石；如果我们选择面对，那么错误就会成为我们成长的垫脚石。

　　自责不是自我批评的沉重负担，而是一种自我提升的起点，当它被正确地表达时，可以转化为一种积极的力量。

　　首先，我们可以通过承认错误来开始这个过程，用简单而真诚的话语，比如说："我犯了一个错误，我对此感到抱歉。"

　　其次，我们可以深入分析错误的原因，不是出于自我责备，而是为了更好地理解情况，比如："我反思了这个问题，我认为是由于我没有充分考虑到所有因素。"

　　再次，我们可以表达出改正错误的决心和计划，例如："我将采取措施来纠正这个问题，并确保它不会再次发生。"

同时，我们可以邀请他人给予反馈和建议，展现出我们愿意学习和成长的态度，如："我非常希望听到你的想法，我们可以一起找到更好的解决方案。"

最后，我们可以表达感激之情，感谢他人给予的理解和支持，比如："感谢你的耐心和理解，这对我来说非常宝贵。"

通过这样的方式，自责不再是消极的自我否定，而是成为一种积极的自我反思和成长的机会。

因此，让我们勇敢地面对自责，用它来激励我们不断前行，不断进步。让我们记住，自责不是终点，而是新的起点，是我们人生道路上的又一个里程碑。

说话攻略

自责，并非自贬，而是一种勇气，一种敢于面对自己不足的勇敢。它不是自我否定，而是一种自我提升的开始。

在拒绝这件事上，
你得懂变通

"美女，你可以帮我把这份文件打印装订一下吗？"

"好的。"

"帅哥，听说你很会做 PPT，帮我修改一下吧？"

"好的。"

"亲爱的，我下午要去接我爸妈，你帮我赶一下这个项目的进度吧，记得明天一早给我。"

"好的。"

这些对话，听起来是不是很熟悉？这些请求，看起来似乎并不过分，只是一些举手之劳的小事。但仔细想想，这些小事真的只是小事吗？它们会不会在不知不觉中，消耗了我们的精力，打乱了我们的计划，甚至影响了我们自己的工作表现？

当我们在帮助别人的同时，是否也在无意中牺牲了自己的利益？年底的优秀员工评选，我们是否因为忙于帮助他人，而忽视了自己的工作成果？那些看似微不足道的好处，我们是否因为过于慷慨，而错失了机会？

更糟糕的是，如果我们因为帮助他人而耽误了自己的工作，甚至面临被解雇的风险，那么这种"帮忙"，真的值得吗？

这并不是说我们应该拒绝所有的求助，而是要懂得如何在帮助他人和保护自己之间找到平衡。我们需要学会说"不"，但同时也要学会如何以一种积极、建设性的方式说"不"。我们可以提供指导，而不是替别人完成工作；我们可以分享资源，而不是无条件地提供帮助。

陈璐最近发现，自己在财务科的小任那里好像不太受欢迎。每次出差回来，她都会把票据整理得井井有条，然后交给小任报销。可小任总是挑三拣四，不是说票据不合格，就是说领导还没签字，总之就是拖着不给报销。陈璐几次想去找小任沟通，小任却总是爱答不理，态度让人摸不清。

陈璐是个实在、认真的技术员，平时不太擅长处理复杂的人际关系。她自己也搞不懂，为什么自己这么尽心尽力，却让小任如此不待见。后来，还是女同事们私下提醒她，说可能是因为之前小任找她帮忙，陈璐拒绝得太直白了，伤了小任的面子。大家都建议她找个机会和小任道个歉，缓解一下关系，毕竟工作上抬头不见低头见。

陈璐这才想起，确实有那么一次，小任曾经向她请求过帮助。她平时工作能力强，领导很看重她，同事们也觉得她性格好、容易相处，因此总有人来找她帮忙。起初，陈璐对大家的请求总是有求必应，生怕别人觉得她不好相处。但渐渐地，她发现自己的工作积压得越来越多，甚至影响了自己本职工作。那时候她才意识到，自己必须学会说"不"。

有一天，小任又来找陈璐了。这次他看起来有些焦虑，对她说："陈姐，这个月的财务报表明天就要交了，我已经做好了，但还没来得及核对。我下午要去银行，时间实在不够了。你能不能帮我核对一下？我知道你很细心，这个忙你一定会帮的，对吧？"

如果是从前，陈璐可能会先勉强答应下来，然后再看看能不能挤出时间处理。但这一次，她深吸了一口气，决定直截了当："小任，我是搞技术的，对财务工作不熟悉。你要我帮忙核对报表，真的很为难我。而且，这确实是你的工作，不是我的，我没办法帮你。"

小任一听，脸色立刻变了。他没想到陈璐会这么干脆地拒绝，甚至话说得毫不留情。他有些生气地说："你不帮忙就算了，干吗说得这么难听？以后你也别来找我了！"说完，他愤愤地转身离开。

其实，每个职场里都有像陈璐这样的人，他们能力出众，不计较太多，时间久了就被贴上了"老好人"的标签。这样的"老好人"往往很容易被同事们利用，帮忙成为了常态，而自己的工作却因此陷入混乱。学会拒绝对陈璐来说是一次觉醒，但她也明白，拒绝的方式可以更柔和一点，免得在无意间得罪他人。

拒绝同事并不难，只要理由合适、语气委婉就行。陈璐可以合理地拒绝同事的非分要求，只要注意倾听和思考。她应该先听对方说完，让对方感觉被尊重。然后再根据情况，想好合理的说辞，委婉地拒绝。

在职场上，我们需要学会自我管理，合理安排自己的时间和精力。我们也需要学会建立界限，保护自己的利益，同时也尊重他人的需求。只有这样，我们才能在帮助他人的同时，也成就自己，实现职场上的共赢。

因此，下次当同事再次提出请求时，不妨先问问自己："我是否有足够的时间和精力来帮助他？这是否会影响我自己的工作和生活？"然后，根据情况作出明智的决定。

当然，"宁得罪君子，不得罪小人"，这句话在职场上同样适用。我们会遇到各种各样的人，他们性格迥异，想法多样。当我们说出拒绝的话时，有些人会理解，有些人可能会心存不满。但一旦我们有了自己的原则，别人在提出请求时就会先掂量掂量，这样不仅能够避免很多麻烦，还能让我们在职场上轻松许多。

记住，有原则并不意味着要冷漠无情，而是要有选择地帮助他人。我们可以在能力范围内伸出援手，但同时也要保护自己的时间和精力，不要被无尽的请求所拖累。学会拒绝，不是对他人的不尊重，而是对自己负责。

说话攻略

当面对同事提出的请求时，如果不想答应就要选择拒绝，更要学会用恰当的方式表达拒绝，这样不仅能保护自己的权益，更能维护和谐的人际关系。

懂得自黑，
是最不伤人的圆场

有的人总是急于展示自己的辉煌，仿佛害怕别人看不见他们的光芒；有的人则急于证明自己的完美，仿佛害怕别人发现他们的瑕疵。

但越是想要遮掩，往往越会引来旁人的侧目，甚至让人觉得有些"此地无银三百两"。

其实，在这个世界上，每个人都是独一无二的艺术品，有着自己独特的光彩，也有着些许的瑕疵。当我们能够坦然接受自己的不完美，那些所谓的缺点和不足，也就不再成为我们的软肋。因为，当我们自己都不再害怕它们时，别人又怎会轻易找到攻击我们的机会呢？

一位名人曾说："在别人嘲笑你之前，先嘲笑你自己。"自黑，不是自我贬低，而是一种自信的展现，一种幽默的生活态度。当我们敢于拿自己开涮，敢于在众人面前展示自己的不完美，我们就已经站在了一个更高的层次上。别人对我们的攻击，在这样的胸襟面前，自然也就失去了力量。

学会自黑，其实是一种圆场的艺术。它让我们在面对尴尬或困境时，能够用一种轻松的方式化解紧张，用一种幽默的态度面对生活。这不仅能够减少他人对我们的误解和攻击，还能够让我们在人际交往中更加自如，更加从容。

琪格格是个性格开朗的女生，平时朋友很多，也很擅长调节气氛。一天，她和几个朋友去吃饭，席间大家聊得热火朝天，突然，一个话题戳中了琪格格的痛点。

"你们知道吗，最近有人说短发女生特别显胖！"朋友小美一边说，一边不经意地瞥了琪格格一眼。琪格格刚好剪了一个清爽的短发，听到这话，气氛瞬间有些尴尬。

桌上安静了几秒，大家都不知道该说些什么。这时，琪格格哈哈一笑，故意捏了捏自己的脸颊，轻松地说："显胖？我这圆脸可从来没靠发型拯救过，倒是靠多吃拯救得很成功！"

她这么一说，大家顿时笑成一团。气氛瞬间活跃了起来，甚至还有人调侃："琪格格，这么有自知之明，以后你就别说减肥了，我们都等着看你发美食日记呢！"

琪格格只是轻松地耸耸肩："好啊！减肥是明天的事，今天还是继续吃吧！"

这场饭局，不仅没有因为那句无心的话变得尴尬，反而因为琪格格的自黑，变得更加轻松愉快。她知道，与其让气氛僵硬，不如用幽默化解，毕竟，懂得自黑，是最不伤人的圆场方式。她让所有人都感受到轻松，自己也没有受伤。

面对别人的嘲笑和攻击，我们不必过于在意。学会自黑，用幽默来化解尴尬，不仅能保护自己的尊严，还能赢得他人的尊重。

当我们面对别人的嘲笑时，用一点自黑，一点幽默，来化解尴尬，展现自己的风度。这样，我们不仅能赢得他人的尊重，还能让自己的生活更加轻松愉快。让我们一起学会自黑，用这种最不伤人的圆场方式，去面对生活中的一切挑战吧。

在日常生活和工作中，发动自黑的能力不仅能提升自己的情商，还能在不经意间拉近与他人的距离。自黑是一种轻松幽默的自我调侃，它显示出一个人的自信和对自身不足的接纳。

比如，在会议中，如果你不小心说错了话，可以轻松地自黑说："哎呀，看来我今天把脑子忘在家里了。"聚会中，如果你觉得自己的穿着不够时尚，可以幽默地说："我今天这身打扮，是不是有点像时尚界的'逆行者'？"工作中，如果你的项目进度落后了，可以自黑地对团队说："看来我需要给我的时间管理能力来个'升级补丁'了。"

自黑还可以用于展示自己的谦逊。比如，当别人赞扬你的工作时，你可以回答："这可都是团队的功劳，我只是负责把咖啡豆磨成咖啡而已。"

自黑是一种艺术，它需要你在适当的时机，用恰当的语言来表达。它不仅能够提升你的情商，还能让你在人际交往中更加自如、更加受欢迎。

不要害怕展示自己的缺点，也不要害怕别人的嘲笑。当我们能够以一种自嘲的方式，轻松地面对生活中的不完美，我们就会发现，生活其实可以更加美好，更加有趣。

说话攻略

真正的智慧，不是在于你拥有多少，而是在于你如何看待自己和这个世界。自黑不是自我否定，而是一种智慧的自我展示，一种对生活的积极态度。

🔲🔳 微信扫码

❶ AI贴心闺蜜

❷ 成长必修课

❸ 情商进阶营

❹ 幸福研讨室

Women's Communication Strategy

第六章

共情安抚，安慰人的正确打开方式

安慰他人，不是简单地说几句好话，而是心灵的深度交流，需用心感受对方情绪，轻柔精准接住，再以温暖话语包裹支持。以共情为核心，让安慰不仅是言语慰藉，更是心灵抚慰。只有做到真诚尊重，方能让人感到温暖安心。

安慰人之前，先搞清楚发生了什么

"你别哭了！"

"一切都会好起来的！"

"别难过。"

……

无论是朋友心碎的失恋，同事沉重的工作压力，还是家人面临的健康挑战，你是否总是迅速地提供温暖的慰藉，用这样的话来缓解他们的痛苦。但是，这种匆忙的安慰真的有效吗？还是反而可能加剧了他们的孤独感？

古希腊哲学家苏格拉底说："未经审视的生活是不值得过的。"真正的安慰，不是简单的一句"别难过"或"一切都会好起来的"，而是建立在对对方处境和情感深刻理解基础上的深思熟虑的回应。

安慰，不仅仅是言语上的关怀，更是一种心灵上的交流，是一种智慧的体现。它要求我们用心去感受，用智慧去理解，用行动去支持。让我们在给予安慰时，多一分耐心，多一分理解，多一份真诚，最重要的是在安慰之前先要搞清楚发生了什么。

雅婷和悦悦是一对姐妹，从小一起长大，性格互补，关系好得就像一个人。雅婷是温柔贤淑的姐姐，而悦悦则活泼开朗，两人虽然性格不同，但感情却像陈年老酒，越陈越香。

时间过得飞快，转眼间雅婷就和大学时的男朋友结了婚，小日子过得甜甜蜜蜜。她总是对悦悦说："找对象啊，得慢慢来，了解清楚了再结婚，别学那些闪婚的，风险太大了。"悦悦虽然嘴上答应，心里却觉得姐姐太保守了。

没想到，悦悦真的走上了闪婚的路。她和一个认识才五个月的男人结了婚。雅婷接到消息后，惊讶得不得了，赶紧打电话给悦悦，想劝她再考虑考虑。但悦悦已经被爱情冲昏了头脑，根本听不进去姐姐的话。

婚礼办得很隆重，悦悦笑得像朵花。但婚后不久，她就带着一脸的忧愁找到了雅婷，倾诉自己的苦恼：丈夫婚前婚后判若两人，婆婆又强势又挑剔，她后悔自己当初的决定。悦悦越说越激动，甚至说要学某个明星，闪婚闪离，说不定还能出名。

雅婷看着妹妹这么痛苦，心里也不好受，但她知道现在责怪没用，只能安慰。她轻声说："悦悦，婚姻不是儿戏，需要双方的包容和理解。你不能只怪他，也得看看自己有没有做得不够的地方。"悦悦开始还听得进去，但后来情绪又失控了，拎起包就走了，留下雅婷一个人，心里五味杂陈。

作为姐姐，雅婷怎么可能看着妹妹受委屈？她一气之下给妹夫打了电话，狠狠地批评了他。妹夫听了也火了，两人吵了一架，雅婷气愤地挂了电话。

过了几天，雅婷在娘家偶然看到悦悦夫妇，两人亲亲密密的，一点看不出有矛盾。更让雅婷尴尬的是，他们看她的眼神好像还有点责怪。雅婷这才意识到，有时候，倾听比说教更重要。悦悦来找她，可能只是想找个人倾诉，而不是要她来解决问题。

雅婷和悦悦，一对亲如一人的姐妹，她们的故事本该是邻里间传颂的佳话，但当悦悦的婚姻生活遭遇风浪，她带着满心的期盼向雅婷寻求慰藉时，却发现姐姐的安慰并未能触及她的内心。问题出在哪里？是因为雅婷在没有完全弄清状况的情况下，就急于提出自己的看法和批评，忽略了悦悦真正的感受和需求。

在试图安慰他人之前，我们最该做的是静下心来，耐心地倾听，了解真正发生了什么。每个人的经历都是独一无二的，每个人的感受都值得被尊重和理解。如果我们在未完全了解事情的全貌之前就急于发言，那么我们的安慰可能只是表面的，甚至可能伤害到对方。

有时候，一个简单的拥抱，一声理解的叹息，胜过千言万语。只有当我们真正理解了对方，我们的安慰才能触及心灵，成为他们真正的支持和力量。因此，当我们的朋友或家人遇到困境，向我们寻求安慰时，让我们先放下自己的判断和建议，给予他们一个安全的空间，让他们自由地表达自己的感受。

比如，如果一个朋友刚刚经历了一次心碎的分手，我们可以说："我知道现在对你来说很难，我在这里，愿意听你说说心里的话。"

同时，我们也应该避免过度同情或作出过度的承诺。我们不应该说"你永远不会再感到这样的痛苦"，因为这可能不真实，而且可能会给对方带来额外的压力。相反，我们可以承认他们的痛楚，并表达我们的支持："我知道你的痛苦，相信我，我会一直在这里支持你。"

此外，避免否定对方的感受也非常重要。我们不应该说"你不应该这么想"，而应该提供一个安全的空间，让他们自由地表达自己的情感。我们可以说："我理解你的感受，我在这里，愿意听你分享。"

总之，在提供安慰时，我们应该避免那些可能让对方感到被忽视或被轻视的言语和行为，而是通过倾听、理解和真诚的支持，来提供真正有助于缓解他们痛苦的安慰。

说话攻略

让我们学会在安慰他人之前，先搞清楚发生了什么，用真诚的心去感受、去理解、去支持，这样的安慰，才是温暖的，才能深入人心。

"你错了"，
这三个字最好少说

"我们有时会在毫无抗拒或热情淹没的情形下改变自己的想法，但是如果有人说我们错了，反而会使我们迁怒对方，更固执己见。我们会毫无根据地形成自己的想法，但如果有人不同意我们的想法时，反而会全心全意维护我们的想法……"这是著名的罗宾森教授在《下决心的过程》书里所写下的一段话。

是的，我们很难向别人承认自己错了，这是人性的弱点，当你对一个人说"你错了"时，必然会撞在他固执的墙上。在人际交往中，破坏力最强的莫过于这三个字："你错了"。不管你跟对方友情达到什么程度，直截了当地抛出这三个字，必然会激怒对方。他们会极力为自己辩护，不顾一切地维护自己的尊严，尽管拿"尊严"建立在"错误"的基础上。

菲儿是个职场新人，她所在的公司氛围挺不错，同事们也都很友好。

不过，菲儿有个习惯，她总是忍不住要指出别人的错误。不管是工作上的小瑕疵，还是生活中的小细节，只要她觉得不对，就会直接来一句："你错了。"

有一天，大家开会讨论新项目，气氛很热烈。当一个同事提出建议时，菲儿立刻插话："不对，你这样做不行，这方法根本行不通。"会议室一下子安静了，大家的目光都聚焦在那位同事身上，气氛变得尴尬。

会后，小李偷偷过来，轻声对菲儿说："其实，有时候就算对方说得不太对，也没必要当众指出来，尤其是在大家面前。"菲儿心里有点不服气，她想："错了就是错了，指出来不就是为了大家好吗？"

几天后，公司搞了个团建活动，大家一边聊天一边玩游戏。菲儿发现有个同事对规则理解错了，她又立刻说："你错了，不是这么玩的。"那位同事的笑容立马僵住了，气氛也冷了下来。菲儿感觉到同事们似乎有点疏远她，但她没太在意，觉得可能是大家太敏感了。

但是，在一次项目汇报会上，菲儿的方案出了点小问题，主管当众指出："你这样做不对。"菲儿感到了难堪和尴尬。她这才意识到，当"你错了"这三个字被当众说出来时，哪怕只是出于好意，也会让人感觉受到批评和指责。

菲儿开始反思自己的行为，她意识到，有时候，说话的方式和时机同样重要。她决定改变一下自己的沟通方式。

下一次开会时，又有一个同事提出了不太成熟的建议。菲儿这次没有直接打断，而是等对方说完，然后微笑着说："这个想法很有创意，不过我觉得可能还有改进的空间。比如，我们是不是可以考虑……"这样的表达方式，不仅提出了自己的看法，也给了对方足够的尊重。

同事们对菲儿的改变感到惊喜，她和团队的关系也逐渐融洽起来。菲儿明白了，有效的沟通不仅仅是说出事实，更重要的是要考虑他人的感受。这次经历让她成长了不少，也让她在职场上更加游刃有余。

现在的社会越来越现实，人际关系越来越复杂，于是真挚的友谊显得尤为可贵。我们都向往着友谊地久天长，珍惜我们身边的良师益友。那么我们就要时刻谨记这样一条黄金原则——"永远不要直率地对你的朋友说'你错了'。"否则，你就是在自酿苦果，搬起石头砸自己的脚。

朋友是我们生活中的宝贵财富，他们在我们遇到困难和疑惑时，成为我们倾诉心事、征求意见的港湾。当朋友带着问题来向我们寻求答案时，我们的任务不仅是提供自己的观点和建议，更是要让这些观点和建议以一种温和、尊重的方式传达出去，使对方感到舒适，从而愿意与我们进行更深入的交流。

换句话说，我们不应该直接否定朋友的想法或做法，而是首先要认同他们的选择在当时情境下是合理的。然后，我们可以逐步、细致地表达自己的不同看法。这种方式不仅能够保护朋友的自尊，还能够建立起一种积极的对话氛围，鼓励双方进行更开放和诚实的沟通。

例如，当朋友说："我真的很后悔当时没有接受那份工作。"我们可以先回应："我理解你当时为什么那么决定，那份工作确实有它的不确定性。"然后再温和地引入自己的观点："不过，现在看看，也许我们可以从这次经历中学到一些东西，为将来作出更好的选择。"

通过这样的对话方式，我们不仅能够表达自己的意见，还能够维护和加强与朋友之间的联系。这种沟通的艺术，需要我们在实践中不断学习和提高，但它所带来的积极影响是深远和值得的。

说话攻略

不要试图再用"你错了"跟别人争论，换个方式指出错误，你也可以成为受人欢迎的人。

不知道说什么好，
就拿出真情来陪伴

　　《奇葩说》中有一道这样的辩题：男人和女人吵架，究竟该男人道歉，还是错的一方道歉？

　　说实话，这样的辩题充满了生活烟火气，辩论起来大家也是各自给出各自精彩的论证。尽管古人在很早之前就告诉我们"仁者见仁，智者见智"，但是在男女感情问题上，还真没有什么对错可分，不如停止争论，一杯奶茶，一个香吻，安安静静地坐下来陪一陪他，比抛出任何观点都有用。

　　陪伴是一种无声的语言，它不需要复杂的修辞或精妙的表达，仅仅是一个温暖的眼神、一杯热茶或一个静静的拥抱，便足以传达出我们内心深处最真挚的感情。

　　在生活中，我们常常会遇到这样一种情况，面对他人的困境、伤痛或烦恼时，我们不知道该说些什么好。语言仿佛在那一刻变得无力，千言万语汇聚成沉默。或许正如古人所言，"言有尽而意无穷"，当言语无法准确表达我们的关怀和理解时，真正的陪伴便成了最好的回应。

心理学家指出，人类的情感需求中，有一种最为基本的便是"被理解"和"被接纳"。而当我们不知道如何用语言表达时，真情实感的陪伴便成了一种强有力的安慰，它告诉对方："我在这里，我理解你，我支持你。"

小杰是一个沉浸在代码世界的技术宅，话语不多，但他的女朋友蒂娜却很活泼，他俩经人介绍开始谈朋友后，蒂娜就常拉着小杰去逛街。她喜欢让小杰给她的穿搭提意见，这对小杰来说，逛街简直比解一个复杂的算法还要难。

一天，蒂娜带着小杰来到了一家大型购物中心。她像发现新大陆一样，每看到一件喜欢的衣服就眼睛发亮。小杰坐在试衣间外，看着蒂娜一次次地换衣服，一次次地跑出来问："这件怎么样？"

起初，小杰还能认真回答："嗯，这件很衬你的肤色。"但随着时间的流逝，他开始感到疲惫，回答变得敷衍："好看，都好看。"

蒂娜终于察觉到了小杰的不真诚，试穿一套她自己也并不满意的衣服时，小杰又一次随意地指了一件说："就这件吧。"蒂娜立刻停下脚步，转过身来，脸上的笑容消失了："你根本没在看，是不是觉得我很烦？"

小杰意识到自己犯了个大错，他追了出去，拉住蒂娜的手，诚恳地说："亲爱的，对不起，我刚才确实没在状态。我知道你希望我能给些真诚的建议，但我真的被那些衣服弄得眼花缭乱。"

蒂娜挣脱了他的手，声音中带着失望："你每次都这么说，但从来没真正看过。我不需要一个只会说'好看'的机器人，我需要的是一个能够真诚交流的伴侣。"

小杰愣住了，他意识到自己不仅没能满足蒂娜的期待，还伤害了她的感情。他深吸了一口气，认真地说："蒂娜，我知道我错了，我应该更投入、更认真地对待你的感受。给我一个机会，我会学着成为你想要的那个人。"

蒂娜看着小杰，眼中闪过一丝动容，但她还是有些犹豫："你真的能做到吗？"

小杰点了点头，语气坚定："我会的。从这一刻开始，我会更加努力地去理解你，去欣赏你的美丽。"

蒂娜终于被小杰的诚意打动，她轻轻笑了："好吧，我相信你。我们一起去喝点东西，然后你再陪我慢慢挑。"

两人的误会在坦诚的对话中得到了化解。这次经历不仅让他们的关系更加坚固，也教会了小杰如何更好地安慰和支持蒂娜，同时蒂娜学会了理解和包容小杰的不足。他们在差异中寻找共鸣，在安慰中增进了感情。

生活中，我们有时会步入一个认知的误区：以为在朋友遭遇挫折时，自己非得说出一些富有智慧的话语，或是提出一些解决问题的高见。但事实上，对方往往并不需要这些。他们真正渴望的，可能仅仅是一个能够倾听的对象和陪伴的肩膀。

就像安东尼·德·圣埃克苏佩里在《小王子》中所描绘的："真正重要的东西，眼睛是看不见的。"那份真挚的陪伴，正是这样一种无形却强大的力量。

当一个人刚刚经历了失恋的打击，他的朋友们可能会七嘴八舌地提出各种建议，有的劝他尽快翻过这一页，有的则建议他开始新的恋情。这些建议虽然出于好意，但在他心灵最脆弱的时刻，最能给予他慰藉的，可能是一个朋友默默无言的陪伴。这位朋友不需要多说什么，只是静静地坐在他身边，让他感到自己并不孤单。这种朴素无华的陪伴，胜过千言万语。

常言道："陪伴是最长情的告白。"当我们在面对朋友的困境时，不知道该如何开口，不妨放下言语的包袱，用一颗真诚的心去陪伴。这种源自内心的关怀，往往比任何话语都更有力量，更能让人感受到温暖和支持。

说话攻略

当我们不知道该说些什么时，不妨放下言语的负担，拿出真情来陪伴，陪伴本身就是一种深刻的语言，它传递着一种无需用言语表达的支持与理解。

朋友失意，
你就别说得意话

　　"雪中送炭，胜过锦上添花。"当朋友身处困境，正如寒冬中的人急需温暖，这时候，你提供的支持和安慰才是最宝贵的。

　　反之，如果凌驾在朋友的头上，以一个胜利者、过来人的姿态来安慰，不但不能达到想要的效果，还可能让对方觉得你在无意中展示自己的优越感，进而加深他的失落感。

　　试想，当一个人正承受着失败的重压，若听到"我当初也遇到过类似的情况，但最终成功了"这样的话语，即便出自善意，也可能在无形中加剧了他们的心理负担，让他们感到更加孤立无援和失落。

　　我们每个人在生活中都有得意和失意的时刻。正如老子所言："祸兮福之所倚，福兮祸之所伏。"人生的起伏是常态，没有人能一直站在巅峰，也没有人会永远处于低谷。当我们处在得意的时刻，应该怀着一颗谦卑的心，体谅他人的处境，而不是无意间揭开别人的伤口。

迪娜最近的生活可谓是一波未平一波又起。丈夫李飞的公司先是遭遇了财务危机，夫妻俩齐心协力，好不容易让公司有了点起色。可就在他们稍稍喘口气的时候，公司又爆出会计和副经理携款潜逃的消息，这无疑是雪上加霜。原本有意投资的老板们一听到这事儿，也纷纷撤了资。

为了挽救公司，李飞已经连续在外奔波了一个星期，连家都没回。迪娜心疼丈夫，也着急公司的困境，于是邀请了几个做生意的朋友来家里，希望能为公司找到一线生机。

饭桌上，大家边吃边聊，气氛还算轻松。但酒过三巡，一个朋友老张开始忍不住炫耀起来："你们是不知道，我那公司啊，最近接了个大单，利润翻了好几番！"他满脸红光，越说越兴奋。

其他人听了，尴尬地笑着，试图转移话题："老张，你这可真厉害。对了，迪娜他们公司最近也挺不容易的，你有什么好建议不？"

老张一摆手，不以为然地说："这有啥难的，我之前也遇到过困难，但关键得会推销自己，像我那次……"他又开始滔滔不绝地讲述自己的"成功经验"。

迪娜坐在一旁，心里越来越不是滋味。她勉强挤出一丝笑容："老张，你的经验确实挺值得我们学习的。不过今天咱们主要还是想聊聊家常。"

但老张似乎没听出迪娜的言外之意，反而更加来劲："家常有啥好聊的，我跟你说，迪娜，你老公那公司啊，就是宣传做得不够，你得这样……那样……"他一边说，一边用手指比画着。

李飞此时也听不下去了，他放下酒杯，认真地说："老张，我们知道你是好意，但今天咱们就别谈工作了。公司的事儿，我们自己会想办法。"

老张这才意识到自己可能说多了，尴尬地笑了笑："哎，你看我，一高兴就没收住嘴。迪娜，李飞，你们别介意啊。"

迪娜轻轻叹了口气，拍了拍老张的肩膀："没事的，老张。我们知道你是好心。今天咱们就好好享受这顿饭吧。"

老张在迪娜和李飞失意的时候展示着自己的成功，这无疑是一种在伤口上撒盐的行为，打着朋友的旗号，却说着最伤人的话。虽然，有些时候这种行为是不自控的，一个真正的朋友，会用理解和宽容去抚慰对方的心灵，而不是自大地将自己的成功经历作为对照，无意中加剧了朋友的痛楚。

我们常常有种错觉，好像自己越闪亮，别人就越会围着我们转。但生活这面镜子，往往照出的是不同的景象。

那些自吹自擂的人，往往只收获了一堆白眼。特别是当别人正遭遇挫折，你却在旁边吹嘘自己的辉煌战绩，这不仅不会让你看起来更耀眼，反而可能让人觉得你少了根筋。

比如，你的朋友正饿得前胸贴后背，你却在旁边大谈特谈你在米其林三星餐厅的美食体验，这不仅不会让人羡慕，反而可能让人想塞你一嘴面包，让你先闭嘴。

因此，当我们的朋友遇到难关时，最不该做的就是炫耀自己的光环。这样的自夸不仅不会让我们看起来更高大，反而会暴露我们的自恋和虚荣，让我们的形象大打折扣。

在这个时候，我们应该学会适时地闭嘴，用一颗同理心去感受朋友的不易，给他们送去真诚的关心和帮助。想成为强者，不是看你拥有多少，而是看你如何运用你所拥有的。

在朋友需要帮助时，伸出援手，而不是炫耀自己的能力。这样的行为更能赢得他人的尊敬和感激。让我们在与人相处时，展现出谦逊和同情，成为别人在风雨中可以依靠的港湾。毕竟，生活不是一场炫耀比赛，而是一场关于爱与支持的长跑。

说话攻略

那些真正有才能的人，往往都是不屑于炫耀自己的优秀的；那些真正聪明的人，往往都习惯于将低调进行到底。

不追问，更让人暖心

"你怎么了？"

"发生了什么事？"

"有什么我可以帮忙的？"

……

这些关切的询问背后，是我们想要伸出援手的善意。但有时，过度的追问可能会让人感到不适，甚至觉得自己的困境被放大了。

在这种情况下，选择不追问，反而是一种更细腻的关怀。当我们面对朋友的困境时，不妨先放下那些急切的问题，而是用一颗平和的心去感受他们的需求。如果他们需要倾诉，我们就是最好的倾听者；如果他们需要独处，我们就在不远处默默守护。

举个例子，当我们看到朋友情绪低落时，第一反应可能是询问发生了什么。然而，如果对方不愿意多说，我们不如递上一杯热茶，陪在他身边。这样的陪伴比言语更有力量，因为它让对方感受到，我们的关心并不需要他开口解释，只要我们在，他们便不孤单。

不追问也体现了对他人隐私的尊重。每个人都有自己不愿提及或需要时间去处理的事情。当我们尊重这种隐私，不逼迫对方分享时，实际上是在建立一种更健康的关系。这种关系建立在信任和尊重的基础上，而不是好奇心的驱动。

李楠和张琦，这一对大学时期就结识的老友，性格迥异却情同手足。

最近，李楠察觉到张琦的异样，她那平时少言寡语的伙伴变得更加沉默，甚至在轻松的公司聚会上也显得心事重重。李楠心想，作为挚友，自己怎能坐视不理，于是她开始试图撬开张琦紧闭的心门。

每次午餐时，李楠总会问："张琦，最近看你心情不太好，出什么事了吗？"而张琦总是以工作繁忙为由，轻轻带过。

下班的路上，李楠又问："张琦，工作上有什么难题吗？说出来，或许我能帮上忙。"张琦依旧摇头，淡淡一笑，闭口不谈。

就连周末小聚，李楠也不放弃，她边倒酒边问："咱们这么多年姐妹，有什么事不能直说的？"张琦只是轻轻举杯，避开了话题。

李楠的关心如影随形，却没意识到这种过度的追问，让张琦感到窒息。张琦心中有一段难以启齿的婚姻危机，这是她最不愿触碰的心事，她需要独自的空间去思考和解决。

随着时间的流逝，张琦开始回避李楠，她不想让自己的问题成为别人口中的谈资。李楠感到困惑，不明白为何自己的关心换来的却是朋友的疏远。

　　直到有一天，李楠的母亲提醒她："孩子，有时候，静静地陪伴，比问长问短更有价值。"李楠这才恍然大悟，她决定改变自己的方式。

　　那晚，李楠给张琦发了条信息："张琦，我看你最近心情不太好，如果需要帮忙，我随时都在。不想说也没关系，咱们可以一起喝喝酒，放松一下。"

　　张琦很快回复了："李楠，谢谢你，你的理解对我很重要。"

　　几天后，张琦约李楠去了他们常去的小酒馆。在那里，张琦终于吐露了自己那段濒临崩溃的婚姻。"我总觉得这是我自己的问题，不想让你担心，因此没说。"张琦低声说道。

　　李楠没有继续追问，只是轻轻拍了拍她的肩膀，"姐妹，无论你怎么选择，我都支持你。"

　　这次经历让李楠和张琦的友谊更加牢不可破。张琦感激李楠的尊重和信任，而李楠也学会了在关心与尊重之间找到平衡。

　　在我们的人际交往中，真正的关爱往往不是通过滔滔不绝的话语来表达的，而是体现在我们是否能够把握恰当的时机，选择沉默，给予对方必要的空间。这种不追问的关怀，是一种对朋友隐私的尊重，也是对他们自我解决问题能力的信任。

　　那么，如果不通过追问，我们该如何表达关心呢？首先，我们可以通过行动来展现我们的支持。比如，当朋友遇到困难时，我们可以直接提供帮助，而不需要通过一连串的问题来表达关心。我们可以简单地说："我看到你最近似乎有些烦恼，如果需要帮助，我随时都在。"

　　其次，我们可以通过倾听来提供支持。当朋友愿意分享时，我们可以耐心地倾听他们的故事，而不是急于给出建议或解决方案。我们可以说："我在这里，愿意听你说说心里话。"

再次，我们还可以通过小纸条、短信或邮件来表达我们的关心。在这些信息中，我们可以告诉朋友，我们注意到他们最近可能不太开心，我们随时准备提供帮助，但不会强迫他们分享。

最后，我们可以通过尊重朋友的隐私和选择来展现我们的关心。我们可以说："我理解每个人都有自己的空间和时间，我尊重你的选择，当你准备好了，我会在这里。"

通过这些方式，我们可以在不追问的情况下，向朋友传达我们的关心和支持。这种沉默的关怀，有时候比言语更有力量，更能让人感到温暖和安慰。

说话攻略

通过不追问，我们传递出一种信任的信息，我们相信朋友有能力处理好自己的问题，我们愿意等待他们准备好了再分享。这种信任，能够建立起更加坚实的关系，让朋友感到被尊重和支持。

安慰不对，
反而伤害加倍

　　人伤心难过或是沮丧失意的时候，最需要安慰。这个时候，如果我们能及时给予对方安慰，把肩膀借给对方靠一靠，帮助其渡过低谷，自然可以让关系更进一步。

　　可是，很多时候，明明你是善意的安慰，不但换不来感激，反而遭到白眼，甚至是排斥。这是为什么？很简单，虽然你是好心，但安慰的方式不正确，非但起不到安抚心灵的作用，还伤害了对方。

　　叶子与雨琪从高中开始就形影不离，考入同一所大学，又在同一个城市打拼，是人们眼中的"好闺蜜"。然而，最近两人关系好像淡了，问题在叶子，她好像有意无意地躲着雨琪。

　　事情是这样的：叶子前段时间与男友分手了，找雨琪哭诉，希望得到雨琪的安慰。雨琪每每看到闺蜜那副凄惨的样子，真是又心疼又生气，本想好好安慰叶子，话到嘴边却变成了说教和否定。

"我跟你说，我早就预料到你们会分手！"

"你说你，天天作，臭脾气上来谁也拦不住你，这下好了，被人甩了吧。我是不是说过你，你应该改一改大小姐脾气……"

话还没说完，叶子就大声喊道："你还有完没完！我失恋了，你不但不安慰我，还幸灾乐祸！你是不是看不得我好？！"

雨琪很纳闷，说："谁幸灾乐祸了？我不是在安慰你吗？"

叶子哭着说："你这才不叫安慰！我失恋了，你还说我各种不好，就是在往我的伤口撒盐！"说完，头也不回就走了。

雨琪愣在那里，不知所措。等到她想通了，已经晚了，叶子已经开始疏远自己。

安慰他人，仅有好心善意是不够的。要知道，不当的安慰，其实是一种变相的伤害，甚至会给对方带来更大的痛苦。当然了，除了说教、否定式安慰，还有一些安慰方式也容易伤人。

比惨式安慰。朋友失恋，说着痛苦和委屈，你却说："你这不算啥，我比你惨多了。你不知道，我遇到一个渣男……"一句话就剥夺了对方倾诉的权利，而且这样的话，还会让对方觉得你在嘲讽他矫情、脆弱，岂不是更受伤害？

不以为然式安慰。别人工作受挫，沮丧无比，你却说："你就是太认真！女人嘛，没必要太拼了，以后找个好男人嫁了，不比现在轻松快活！"否定对方的感受，只从自己的角度出发，且含有否定的意味，很容易让人反感。

逃避式安慰。别人因为失去亲人而伤心难过，你却说："别想了，过去就过去了。"可这样的事情，是说不想就不想的吗？这样的安慰，使得问题得不到解决，情绪得不到舒缓，可以说是毫无用处。

站在自己角度，急着下结论。别人述说委屈，你还没了解故事原委，便说："你不该这样想。你应该……"。虽然人与人很难感同身受，但是别人委屈，你不理解、不关怀，反而只从自己角度下结论、讲道理，告诉他该怎样怎样，那么，你的每一句话都带着刺。

安慰的话，以玩笑的方式说出来。别人因为身体胖而苦恼，你却调侃地说："没事。'小肥猪'也挺可爱的！"明明在安慰他人，说出的话却带着调侃、贬损、讽刺，这样一来，安慰也成为了伤害。

这些错误的安慰，还不如不安慰。安慰，应该从对方的角度出发，应该是如沐春风的语言，更重要的是，应该理解和关注对方的情绪，然后引导其释放情绪，恢复如初。

那么，具体来说，应该如何正确地安慰他人呢？

其实，我们只需要做到几步就可以了。第一步，接受。接受对方的情绪，告诉他："我知道你不开心。"第二步，分享。先分享情绪，再分享事件。对他说："你居然这么委屈，真可怜。现在，和我说说怎么回事？"第三步，共情。站在他的位置，理解他的想法，体会他的悲伤失望。第四步，引导。引导对方，从情绪中走出来。引导他说："假如……，会怎样？""你考虑下一步怎么办了吗？"第五步，建议。适当建议，不下结论。最后，行动。给予他一个拥抱，或是拉着他去看电影、逛街，一起发泄情绪。

总之，安慰不对，伤害加倍。我们不但要有安慰他人的好心，更要掌握正确安慰的技巧和方法，这样才不至于好心办了坏事。

说话攻略

安慰是一门需要智慧和心灵的艺术，当我们站在对方的角度，去真正理解他们的感受，才能避免好心办坏事，让安慰成为治愈的力量，而不是伤害的源头。

微信扫码

❶ AI贴心闺蜜
❷ 成长必修课
❸ 情商进阶营
❹ 幸福研讨室

Women's Communication Strategy

第七章

懂分寸，有边界，最舒服的社交法则

把握分寸，尊重他人，是交往的艺术。知进退，保持适当的距离，既维护自尊，也尊重他人。在社交中，细心体察，不越界，关系才能和谐持久。懂得分寸与边界，让彼此自在，情感得以顺畅交流。

背后说闲话，
没人会愿意跟你交往

有些人像影子一样无声无息，却能搅动一池春水；有些人舌尖轻挑，就能引发一场无形的风暴；有些人他们轻描淡写几句，足以让人声誉受损，信任崩塌。

这些人就是那些背后说人闲话的人，他们就像是在暗处投掷的石子，使水面波纹荡漾，却不知水下的鱼儿已因此受惊。

这样的行为，不需要大声宣扬，却能在人群中悄悄蔓延；不需要面对面的冲突，却能在心灵深处留下难以愈合的裂痕；不需要任何证据，却能迅速构建起一个人的负面形象。说闲话的人，或许一时感到了某种扭曲的满足，但最终，这种行为会像回旋镖一样，伤害到他们自己。

在背后说人闲话，是一种悄无声息的侵蚀，它蚕食着人际关系的基础，破坏着社会的和谐氛围。它是一种无形的暴力，虽然不见血，却能深深刺痛人心。这是一种自我毁灭的行为，当我们在背后议论他人时，我们也在逐渐失去他人对我们的尊重和信任。

"八卦女王"诗婉在公司里名气不小，不管是公司里的大事还是小事，只要被她听见，准能变成一出精彩的八卦剧。

这天，阳光明媚，诗婉外出办事，偶然看到新来的文员张文和公司副总在一家咖啡厅里，两人看起来颇为亲近。这一幕让诗婉眼前一亮，仿佛发现了不得了的秘密。她急忙回到公司，连午饭都没吃，就拉着几个同事，绘声绘色地描述起她所见的"一幕"。

"你们听说了吗？新来的张文和副总，两人在咖啡厅里那个亲热啊，真是让人大开眼界！"诗婉边说边比画，一脸的兴奋。

"不会吧？他们俩难道有什么猫腻？"一个同事惊讶地问。

"哼，这可难说，说不定张文就是靠关系进来的。"诗婉一副洞察一切的样子。

就这样，不到半天，张文和副总关系暧昧的流言就在公司里传开了。张文自然也听说了，气冲冲地找到诗婉。

"诗婉，你怎么能这么乱说？你知道真相吗？"张文气得声音都有些颤抖。

诗婉却不以为然："我哪有乱说，只是把我看到的告诉大家。"

"你看到的就是真的吗？你知不知道你的话给我带来多大麻烦！"张文气愤地说。

诗婉还是不甘心："那你们到底是什么关系？总得有个解释吧！"

张文冷笑一声："好，我告诉你。副总其实是我表哥，我们的母亲是亲姐妹。我进公司完全是按正常程序，这事除了几个亲近的同事，没人知道。现在被你这么一传，全乱套了。"

诗婉听了，脸色煞白，低着头向张文和副总道歉。但事情已经无法挽回，公司领导认为她的行为破坏了团队和谐，决定让她离职。

诗婉这才意识到，自己的一时口快竟让自己丢了工作。她后悔莫及，但为时已晚。

生活中，像诗婉这样的人并不少见。他们总喜欢在背后对别人指指点点，议论纷纷。别人取得成绩，他们就说是走后门；别人心情低落，他们就猜测是不是失恋了；别人出了问题，他们就四处传播。这样的行为，不仅伤害他人，最终也会让自己付出代价。

也许他们觉得自己是聪明的人，但是实际上却是非常愚蠢的人。说他们心眼儿坏吧，其实他们也并不是穷凶极恶的人。可事实上，"好事不出门，坏事传千里"，这样喜欢背后说人闲话的人，总是会让事情朝着最坏的方向发展。

诚然，谁人背后不说人，谁人背后无人说。可说人闲话的人所受到的惩罚一点都不冤枉，因为她们实际上是一种道德低下、没有口德的表现，毕竟在这个世界上，"三人成虎、众口铄金"啊！

要知道，这种没有修养和口德的人，他们只顾着逞自己口舌之快，却忽视了别人的感受，自然也不会招人喜欢。今天你在背后说别人闲话，议论别人的不是，也许明天这话就会传到当事人的耳朵里。如此一来，人人都知道你爱说闲话的毛病，人人都知道你说话没有口德，如此一来，还有谁愿意和你交往？

可以说，背后说人闲话是一种损人不利己的表现，这样的人不仅使别人受到了伤害，还使得自己成为不受欢迎的人。更重要的是，有些宽容的人，可能不会和你计较，选择一笑而过。但是遇到较真的人，他们就会针锋相对地和你理论，到时候，尴尬和面子受损的人只能是你自己。

说话攻略

在人际交往中，我们要管住自己的嘴巴，不要轻易在背后说闲话，更不要说人坏话。即便别人和你议论他人，你也应该做一个沉默者，不说闲言碎语，不传播谣言。

有些场合，
有些话可不能随便说

　　生活中，我们都会有这样的经验：不同的场合，就该说不同的话，这就好比葬礼上的音乐与婚礼上的音乐必然不是同一种曲调，葬礼上的音乐应该是悲伤缅怀的，而婚礼上的音乐应该是愉悦喜庆的，如果将两个场合的音乐对调，那么一定会出大事儿的。

　　我们日常的沟通交谈也是一样，比如，郑重的场合就该说郑重的话，轻松的场合就该说轻松的话，如果说与场面不符的话，只会令人感到拘谨、压抑，甚至是愤怒。我们不妨留心一下，生活中那些情商低的人，是不是都经常犯这样的错误？

　　当你身处一个场合时，需要考虑许多因素，如交谈的环境、面对的人、针对的事、自己是什么身份、谈话的时间等等，只有在不同的场合中说出符合该场合的话，才不会令人感到突兀，而是会感到交谈的愉悦。

　　张健和冰冰是一对在城市里打拼的恋人，感情稳定，事业小成。一天晚上，张健对冰冰说："亲爱的，咱们也老大不小了，过年我跟你回家见见爸妈，咱们也该谈谈婚事了。"冰冰笑着点点头，两人开始憧憬未来。

然而，冰冰的父亲在一场大雪后不慎摔伤，双腿骨折。张健和冰冰连夜赶回家，张健更是请了长假，全心全意照顾冰冰的父亲。他的细心和体贴让冰冰的父母十分感动。

出院庆祝那天，张健在酒店订了酒席，冰冰的父亲还邀请了亲戚，准备宣布他们的婚事。

宴会上，张健一边热情地给冰冰母亲盛饭，一边问冰冰父亲："伯父，您现在也要饭吧？"冰冰父亲愣住了，周围的人也尴尬地交换眼神。张健却没察觉，继续热情地说："大家多吃点，别客气。"

宴会结束后，冰冰父母带着冰冰愤然离去。张健愣在原地，不明白发生了什么。

一个多月后，张健终于忍不住问冰冰："亲爱的，我是不是哪里做错了？为什么你爸妈突然对我这么冷淡？"冰冰气冲冲地说："你那天说我爸妈'要饭'，他们听了能不尴尬、生气吗？"

张健这才反应过来，他诚恳地对冰冰说："冰冰，我真的很抱歉，那天，我想问伯父当时要不要吃米饭，一时没注意说错了。我应该更注意场合，选择合适的言辞。"

冰冰叹了口气："张健，我知道你不是故意的，但是，说话真的要看场合，不是所有话都能随便说的。"

失之毫厘，谬以千里。张健深刻反思，明白了在正式场合规范语言的重要性。几天后，他带着诚意来到冰冰家，向冰冰的父母道歉："伯父伯母，我那天的言行确实不妥，我真诚地向你们道歉。以后我一定会注意，不再犯同样的错误。"

冰冰的父母见他态度诚恳，也原谅了他："张健，我们知道你是个不错的孩子，这次就当是个教训吧。"

这次经历让张健深刻认识到，说话要注意场合，选择合适的言辞。他逐渐学会了如何在不同环境中把握分寸，避免误会。两人的感情经过这次风波，变得更加稳固。

在我们的日常交往中，说话的艺术尤为关键。留心观察，你会发现那些人缘好的人，总是懂得在不同的场合说合适的话。这不仅是情商高的体现，更是一种生活智慧。具体来说，我们可以从以下几个方面入手：

在公共场合，我们要注意自己的言辞对他人的影响。记得，千万别说些反社会或三观不正的话，也别大声喧哗，这会让人反感。如果你没准备好或者不知道说什么好，那就保持沉默，用微笑来应对，这样至少能给人留下一个和蔼可亲的印象。

比如，你是否在公共场合听到有人这样打电话："最近工作烦死了，我们老板……我同事……"这样的话不但打扰到了别人，更损毁了自己的形象。这时，一个情商高的人会选择轻声细语或走到一旁去讲，以免影响他人。

在生活中，我们不要随意议论他人的是非，无论是在职场还是朋友圈，我们都应该谨言慎行。如果你在工作中犯了个小错误，领导当众批评你，你肯定会感到很难堪。但如果领导私下里用一种轻松的方式提醒你，你不仅会感激领导的体贴，也会更愿意改正错误。

因此，领导出现了失误，作为下属，你可以选择私下委婉地提醒，而不是当众指出，这样可以避免让领导尴尬。同样，如果下属犯了错，领导也应该用委婉或幽默的方式来提出，照顾到下属的面子。

最后，与亲人团聚时，我们要保持礼貌和识大体。逢年过节，家人聚在一起，他们可能会反复询问你的生活琐事，虽然听起来有些唠叨，但你要明白，这些都是出于关心。在这种时候，我们应该表现出理解和感激，多说一些积极、吉祥的话，避免表现出厌烦或说些不礼貌、不吉利的话。

说话攻略

说话要注意场合，这不仅是一种礼貌，更是一种情商高的表现。通过在不同场合说合适的话，我们可以更好地与他人相处，建立更和谐的人际关系。

炫耀这件事，
最好不要做

有些人总喜欢把自己的得意之事挂在嘴边，逢人便大讲特讲，说自己取得了什么了不起的成就，夸耀自己如何优秀，也不管对方是不是愿意听，只管自顾自地说个不停。

或许你认为这样能够得到别人的敬佩和欣赏，可事实上，没有人愿意听别人的得意之事，更没有人喜欢听别人的自我炫耀。

或许在平时绝大部分人还是会礼貌地应和一下，说出赞美和夸奖的话，可一旦听者遇到了不如意的事情，或是处于失意阶段，那么，这些得意的话就会变得非常刺耳了。

木子是一个细心、懂得体贴别人的女孩。她的同事王璐是个炒股多年的老手，办公室里的同事们都戏称她为"股神"。

然而，好景不长，自从几个同事开始跟着王璐炒股后，她的好运似乎就此戛然而止。每次操作都以亏损告终，反而是同事孙燕自己摸索着投资，股票连连上涨。

一天，木子发现王璐情绪不佳，便提议大家一起吃饭放松一下。饭桌上大家有说有笑，气氛轻松，直到几杯酒下肚，孙燕忍不住提起了股票的事情。

"王璐，你最近的运气不怎么样啊，我们买的那几只股票全都涨了。要不你也试试我们的办法？"孙燕语气轻松，眼里带着几分得意，完全没注意到王璐脸色的变化。

木子赶紧给孙燕使眼色，但孙燕正说得兴起，根本没察觉。她继续说道："你的直觉怎么突然不灵了？还好我们没跟着你，不然亏得可惨了！"

王璐终于忍不住了，脸色阴沉地看了孙燕一眼，冷冷地说道："算了吧，我可不敢高攀。还有事，我先走了。"说完，她起身匆匆离开了饭桌。

这时，孙燕才意识到自己说错了话，脸上顿时尴尬不已。木子见状，轻声对孙燕说："孙燕，你刚才的话有些过了。王璐最近本来就不太顺，你还当着大家的面提这些，不是给她添堵吗？"

孙燕愣了愣，辩解道："我也没别的意思，就是想帮她出出主意。"

木子耐心地说道："我知道你是好意，但说话要考虑场合。当别人处于低谷时，炫耀自己的成绩只会让对方感到更难过。我们要学会设身处地地为他人着想，别让自己无意的话语伤害到别人。"

孙燕的"炫耀"尽管出于无心，但在王璐的耳中却显得讽刺。木子及时地提醒，不仅缓解了尴尬的气氛，也给了孙燕一个重要的教训：在

交流中，我们不应当在他人失意时谈论自己的得意。情商不仅仅在于会说话，还在于知道什么时候该保持沉默。

炫耀，这事儿得悠着点，因为它就像是在别人的伤口上撒盐，特别是在别人正经历低谷的时候。它不仅可能让那些已经心情低落的人感觉更糟，还可能一不小心就伤了和气。相反，我们应该展现出同情和理解，给予他人支持和鼓励，而不是通过炫耀来刷存在感。

假如，你已经好几天没吃到一顿像样的饭了，正饿得前胸贴后背，有人却在你面前滔滔不绝地讲述他在豪华酒店的饕餮盛宴；或者当你正在外面和暴风雪搏斗时，有人却在旁边吹嘘自己家里温暖如春。

这种情况下，你可能不会羡慕他们的好运气，反而会希望他们能识趣地闭嘴。

俗话说，"人逢喜事精神爽"，当我们自己顺风顺水时，自然会感到高兴和兴奋，但这时候也要记得，可能别人正遭遇挫折。

因此，在我们得意忘形之前，要记得不要随意炫耀自己的幸福，尤其是在那些正遭受不幸的人面前，更要小心避免触及他们的痛处，这才是真正地懂得人情世故。

每个人的生活都有起起落落，今天你可能站在顶峰，别人却在谷底挣扎；明天的情况可能就完全颠倒过来。这就是"十年河东，十年河西"的事儿，花哪有百日红的，谁又能确保明天依旧顺风顺水呢？

因此，当我们春风得意时，不妨多一份低调和同理心，这样在我们自己遇到困难时，也更可能得到他人的理解和支持。毕竟，生活就像天气，谁也说不准下一刻是晴是雨。

说话攻略

得意和失意总是不断交织的，你希望别人怎样对你，你就应该怎样对别人。递上一句安慰，送上一个拥抱，总比趁机撒盐要讨喜得多，也能给自己的情商加分不少。

不说破的背后，
是恰到好处的分寸

　　人际交往中，有一种智慧，叫做"分寸感"。它并不是我们常常提起的礼貌或客套，而是一种更深层次的理解与尊重———一种对人性、关系与自我边界的洞察。这种分寸感，体现在一种能力上：在某些时候，我们选择"不说破"。

　　"言多必失"，说话是一门艺术，尤其在涉及敏感话题或他人利益时，如何拿捏得当，往往需要我们既敏锐又温和的判断力。这并不意味着逃避或忽视问题，而是用一种更含蓄、更优雅的方式去处理。

　　比如，当朋友在表达一个未尽完善的观点时，我们不急于指出其中的漏洞或错误，而是通过倾听和共鸣，让对方在自己的思考中找到答案。这种"留白"，反而会激发对方更多地思考与成长。

　　这种分寸感并非软弱或退让，恰恰相反，它展现了一个人的智慧与成熟，正如古人所言："话到嘴边留三分。"这三分的保留，不是缺乏勇气，而是对人际关系的深思熟虑。说破了，或许会让对方难堪，甚至伤及感情；而不说破，能在保留对方尊严的同时，维系一份长久的关系。

小汐的表姐在一家奢侈品店里做店长，凭借她对奢侈品真伪的敏锐洞察力，赢得了老板和顾客的信赖。

一天，小汐去店里找表姐咨询点事，正巧遇到一群女孩子簇拥着走进店里。

其中，一个年轻女孩欣欣，手里提着限量版的包包，脖子上挂着闪闪发光的项链，手上的手表和戒指也显得格外耀眼。其他女孩围着她，羡慕地赞叹着。

"欣欣，你这包是限量款的吧，真难买！"

"还有这项链，太漂亮了，我都舍不得买。"

"你这身衣服是小范家新款吧，真好看！"

欣欣得意地说："我对这些不太懂，都是我男朋友送的。"

小汐在一旁听着，心想欣欣真是好命。突然，一个女孩注意到了表姐，提议让表姐帮忙鉴定一下欣欣的奢侈品。

欣欣立刻紧张起来，忙说："不用了，肯定都是真的。"

但其他女孩还是把她推到了表姐面前。

表姐微笑着接过包包和项链，仔细看了看，然后说："这些都是真品。"

欣欣明显松了口气，感激地看了表姐一眼，还在店里买了两件商品。

等女孩们离开后，小汐疑惑地问表姐："你明明看出那些是高仿，怎么还说是真的？"

表姐笑着说："我一眼就看出是高仿，但揭穿她只会让她难堪。她还年轻，爱面子很正常。她虽然虚荣，但也没伤害到别人。给她个台阶下，既能避免尴尬，也能让她感激。"

这件事给小汐上了生动的一课。他明白了，每个人都有自己的生活方式，有些人选择真实，有些人选择虚荣。但只要不伤害他人，看破不说破，也是一种智慧和善良。这样的处理方式，不仅能够化解尴尬，还能赢得他人的尊重和感激。

职场上，领导与员工之间的相处，往往需要一种恰到好处的分寸感。一个懂得分寸的领导者，能够准确评估下属的能力和潜力。当下属犯错或面临挑战时，他们不会进行严厉指责或直接给出答案，而是通过引导，让员工自己发现并解决问题。

生活中，我们也常常看到类似的例子。当孩子犯错时，父母并不总是立即指出并纠正。有时，一个温和的眼神或事后的恰当提醒，比直接批评更有效。这种方式不仅保护了孩子的自尊心，还鼓励他们从内心成长，学会为自己的行为负责。

分寸感是一种无形的力量，它让我们在处理人际关系时更加从容和智慧。它告诉我们，有时候，留一些空间，不直接说破，可能是最好的沟通方式。这种适度的分寸，不仅维护了他人的尊严，也为双方的关系留下了更多的发展空间。

在这个充满言语的世界里，不说破并不意味着沉默，而是一种选择——在合适的时机、以恰当的方式表达自己。这样，我们既能传达自己的观点，又能让对方在不受冒犯的情况下感受到我们的善意和理解。

有时候，选择不说破背后，隐藏的是一种更深层次的智慧和温柔。

　　总之，无论是在职场还是家庭，分寸感都是我们与他人和谐相处的关键。它要求我们在言行上考虑他人的感受，用尊重和理解去沟通。通过这种方式，我们不仅能够帮助他人成长，也能够建立起更加稳固和谐的人际关系。

说话攻略

　　不说破并不意味着沉默，而是选择在合适的时间、用合适的方式去表达，毕竟，有时候，不说破的背后，隐藏的是一种更深的智慧与温柔。

偶尔倾诉，
而不是过度倾诉

　　倾诉，如同心灵的呼吸，是释放情感压力的一剂良方。它能够帮助我们在生活的重压和迷茫中寻找到一丝宁静和平衡。但是，倾诉的度，却是一门需要我们细心揣摩的艺术。

　　适度的倾诉，就像是在平静的心湖上轻轻投入一颗石子，那泛起的涟漪能够让我们重新审视自己的情感，帮助我们整理杂乱的思绪，从而获得前行的力量。它是一种健康的宣泄，能够让我们在分享中找到支持和理解。

　　然而，过度的倾诉则如同一场突如其来的暴风雨，不仅打破了心灵的宁静，还可能让我们陷入情绪的漩涡，难以自救。它可能变成一种无休止的抱怨，让我们在不断地诉苦中失去了自我反省和解决问题的能力。

　　生活中，我们都需要找到一个倾诉的平衡点。在需要时向亲朋好友倾诉，但同时也要学会自我调节，避免过度依赖他人的安慰。真正的智慧，是在倾诉中找到自我成长的空间，在分享中寻得心灵的慰藉，而不是沉溺于情绪的宣泄。

于文文是个受人欢迎的大学辅导员，不仅长得漂亮，工作也勤勤恳恳，得到了学生和领导的一致好评。中文系的系主任尤其欣赏她，两人渐渐成了无话不谈的好朋友。系主任有时会和于文文分享一些系里的趣事，甚至一些复杂的人际关系。

一天，系主任私下告诉于文文，他打算提拔她做助教，并叮嘱她保密。于文文听了，激动地说："真的吗？太感谢您了，主任！"但心里也不免有些忐忑。

那段时间，于文文总是显得有些心神不宁。另一位辅导员张燕注意到了她的异样。一次午休时，张燕走到于文文身边，轻声问："文文，你最近怎么了？看你总是心事重重的。"

于文文犹豫了一下，然后忍不住把心里的秘密说了出来："张燕，我告诉你个秘密，你可别往外说啊。系主任和我说，他打算提拔我做助教呢。"

张燕惊讶地说："哇，这真是个好消息，恭喜你啊！你一定行的。"

于文文接着说："但我也有点担心，万一做不好怎么办？而且，系主任让我保密，我连你也不能说。"

张燕安慰她说："别想太多，你这么优秀，肯定能做好的。放心吧，我会保守秘密的。"

可没过几天，于文文发现，助教的职位竟然给了张燕。系主任虽然也找她谈了话，分析了她的工作表现，但于文文明显感觉到，他们之间的关系已经变了。以前的真诚和信任似乎不复存在。

于文文找到张燕，有些责怪地问："张燕，你怎么能这样？我那么信任你，你却……"

张燕显得有些尴尬，说："文文，我真的很抱歉。我当时也是无意中和别人提了几句，没想到事情会变成这样。"

这件事给了于文文一个深刻的教训。她意识到，在复杂的人际关系中，不能过于天真，轻易地把心里话告诉别人。过度倾诉，有时候不仅不能解决问题，反而会给自己带来麻烦。

在与人交往中，我们要学会适度倾诉，保护好自己的秘密。只有这样，我们才能在这个复杂的社会中，更好地保护自己的利益，维护自己的立场。毕竟，有时候，秘密就是我们最宝贵的财富。

电视剧《延禧攻略》中，魏璎珞初入宫墙时的一番话令人深思："我入宫不是来交朋友的。"这句话，对于身处复杂人际关系中的我们，同样具有启发性。在那个钩心斗角的宫廷里，如果你天真地以为可以和每个人成为朋友，毫无保留地展露自己，最终受伤的只能是你自己。

在现实生活中，我们常常认为，共享一个秘密能够拉近彼此的关系。确实，当两个人守着同一个秘密时，似乎在无声中建立了一种特殊的联系。然而，这同时也可能成为我们处理事务时的障碍。一旦心中有了秘密，我们在做决定时就不得不考虑对方的利益，这种考虑可能会让我们陷入两难，甚至作出违背自己原则的事情。

秘密，有时像一把双刃剑，它既能增进彼此的亲密感，也可能成为我们决策的桎梏。它提醒我们，在人际交往中，要有所保留，不能全然敞开心扉。我们需要学会保护自己，不是不信任他人，而是为了在复杂的社会中保持清醒，坚守自己的原则和立场。

因此，我们在与人交往时，应该学会适度地分享，而不是毫无保留地倾诉。这样，我们既能维护自己的利益，也能避免因过度投入而失去自我。

人要在信任与自我保护之间找到平衡，在分享与保留之间掌握分寸。这样，我们才能在这个纷繁复杂的世界中，游刃有余，不失本心。

说话攻略

最好的处世办法就是"逢人只说三分话，留得七分保平安"，成为一个有城府、让人捉摸不定的人也不是一件坏事。

玩笑开大了，
关系就尴尬了

"愚人节快乐！"

这句话在年轻人之间流行起来，仿佛成了一种时尚的问候。在这一天，大家互相开着玩笑，享受着节日的轻松气氛。但在这欢声笑语中，我们是否曾停下脚步，认真思考过：每一个玩笑，朋友都真心接受了吗？

玩笑，本是一种轻松愉快的交流方式，它能够拉近人与人之间的距离，增添生活的乐趣。然而，并非所有的玩笑都能让人笑出声来。有些玩笑可能无意中触碰了别人的敏感点，甚至伤害了他人的感情。

每个人都有自己的底线和界限。开玩笑，就像生活中的调味品，适量可以为日常增添乐趣，拉近彼此的距离。但切记，玩笑的火候一旦过猛，就可能让轻松的气氛变得尴尬，甚至伤害彼此的关系。

王晓婷和李婧是同一家公司的同事，也是好朋友。

一天中午，公司同事们吃完饭后聚在一起聊天，气氛轻松愉快。王晓婷看着热闹的场面，忍不住又想逗逗大家乐呵乐呵。她笑着对李婧说："李婧，你有个大秘密，我发现了，你知道吗？"李婧明白王晓婷又要开玩笑了，便笑着回应："我哪有什么秘密？你别瞎编啊，小心我揍你！"

王晓婷故作神秘地说："哎，别急，我真的发现了！你嘴里有味儿，特别臭，走哪儿臭到哪儿，每次跟你说话，我都得屏住呼吸！"话音刚落，大家都笑了起来，但李婧的笑容瞬间僵住了。她急忙解释："别乱说，我哪有口臭！"大家见李婧有些急了，笑声也渐渐小了下来。

然而，王晓婷并没有注意到气氛的变化，继续笑着调侃："我说的可是真的啊！咱俩一起住，我可最清楚了。早上你不刷牙的时候，简直没法靠近你，你是不是吃了什么怪东西？"她说得越欢，周围的气氛却越僵硬。

李婧的脸色瞬间变得铁青，手指紧紧攥着衣角，气得浑身发抖。她心中涌起一股强烈的愤怒，几乎忍不住要发作。同事们赶紧上前劝王晓婷："行了，别说了。"他们又安慰李婧说："晓婷只是开个玩笑，你别往心里去。"

尽管李婧强忍着怒火，没有在众人面前爆发，但心里已经对王晓婷有了很深的芥蒂。这不是第一次开这样的玩笑，但这次，她感觉自己的尊严受到了伤害。

王晓婷却完全没有意识到自己做错了什么，甚至还在生气："我不就是开个玩笑嘛！以前也是这么开玩笑，也没见她这么生气，今天到底怎么了？"她把这一切都当成李婧过于敏感。

几天后，王晓婷听说李婧已经找了新的房子搬走了。从那以后，李婧在公司也不再和王晓婷说话，甚至刻意保持距离。王晓婷才意识到，自己那个无心的玩笑，竟然让两人从好朋友变成了陌生人。

玩笑虽好，但一定要适度，过度的玩笑可能会伤害到他人，甚至破坏珍贵的友情。在人际交往中，我们应该学会尊重他人，避免开可能伤害到别人的玩笑。这样，我们才能维护和谐的人际关系，共同创造一个愉快的工作和生活环境。

心理学家指出，玩笑往往揭示出一个人对他人的真实态度，假如我们在玩笑中展露出了轻蔑、讽刺或是不尊重的态度，对方很可能会将其记在心里，从而影响彼此的关系。就如同朋友间常说的那句："我和你开玩笑，是因为我把你当朋友。"但开玩笑也需要有个度。

在日常相处中，我们或许可以在开玩笑前，问问自己："如果这话别人对我说，我会有什么感受？"这样一来，我们不仅能更好地理解对方的感受，也能避免因言语不当而引发的尴尬局面。

我们在开玩笑时，要懂得适时止步，尊重他人的感受。真正的幽默，是在不伤害他人的基础上，让彼此感到快乐和放松。在轻松诙谐的同时，我们要保持对他人的尊重和理解，防止玩笑变成伤人的武器。

与人为善，不仅仅是表面的礼貌，更是心灵深处的关怀。在玩笑与尊重之间找到那个平衡点，我们才能在人际交往中游刃有余，建立起更加和谐稳固的关系。这样，我们的生活也会因为相互的理解和尊重而变得更加温馨和美好。

总之，玩笑是一门艺术，讲究的是分寸感。适度的玩笑能让人心生欢喜，但一旦过了界，就容易让人感到不适。我们应该学会在玩笑中尊重他人，珍惜每一段关系，这样才能让生活中的每一次交流都充满温暖，而非尴尬。

说话攻略

"言多必失"，玩笑本是轻松愉快的事，但一旦越过了他人的界限，就可能变成一种冒犯，伤害他人的自尊。

涉及敏感的话题，
可一定要规避

在这个信息爆炸的时代，我们的聊天框好像永远在闪烁，每个人都像是在参加一场永不落幕的座谈会。但这种无休止的交流，并不总能带来心灵的契合与和谐，有时候反而会像不小心按下了不和谐的音符，尤其是在聊到那些敏感话题时。

这些敏感话题，就像是社交地雷，它们可能涉及个人的私生活、信仰、价值观，或者是触碰到情感的软肋。在这些领域，每个人的立场都可能像混凝土一样坚硬，情感都可能像玻璃一样易碎。因此，哪怕是一点点的不小心，也可能引爆一场激烈的辩论，甚至可能炸毁原本坚固的友谊桥梁。

因此，我们在交流时，要学会像侦探一样敏锐，避开那些可能引发爆炸的雷区。这并不是说要我们回避问题，而是要有智慧地选择时机和方式，用同理心和尊重来导航，确保我们的对话不会偏离理解与和谐的轨道。

予初是个性格开朗、喜欢交流的女性，她总是能在各种场合迅速找到话题，与人聊得火热。但是，她好像感觉人们不怎么乐意跟她聊天。

一次，予初和几个朋友闲聊，她好奇地问："你和你男朋友最近怎么样？打算什么时候结婚啊？"

"听说你家里最近有点事，具体是什么情况？"

……

朋友们尴尬地对视一眼，其中一位朋友小声说："予初，这些问题我们不太想谈。"

予初却不以为意，继续追问："哎呀，有什么不好意思的，我们都是朋友嘛。"

在职场上，予初的这种习惯同样让她陷入尴尬。一次会议中，大家都在讨论项目，她却突然问旁边的同事："你和你太太最近还好吗？听说你们有点矛盾？"这突如其来的问题让会议室的气氛一下子变得尴尬，那位同事的脸色也变得很难看。

同事尴尬地回答："予初，这个问题不太适合在这里讨论。"

予初并没有意识到自己的问题，只是觉得大家似乎越来越不愿意和她交流。直到一次团队聚餐，她再次好奇地询问一位同事的家庭问题，那位同事终于忍不住对她说："予初，我知道你是出于好心，但有些问题真的很私人，不是每个人都愿意拿出来讨论的。尤其在工作场合，我们更需要的是专业性。"

予初愣住了，她似乎意识到了什么，但很快又恢复了常态，笑着说：

"哎呀，我就是好奇嘛，没别的意思。"

随着时间的推移，予初的这种习惯并没有改变，她依旧在各种场合聊着敏感话题，不顾及他人的感受。渐渐地，人见人躲，但她却不自知。她依旧沉浸在自己的世界里，享受着与人交流的乐趣，却忽视了沟通的艺术和尊重他人的重要性。

沟通不仅仅是语言的交流，更是心灵的触碰。它像一座桥梁，连接着彼此的心，但这座桥的稳固与否，取决于我们是否懂得拿捏分寸，是否尊重对方的隐私和感受。予初的故事告诉我们，真正的交流艺术，在于找到关心与尊重的黄金分割点，这样才能在人群中游刃有余，赢得人心。

个人隐私是一片我们应避免触碰的水域。比如，当你的同事无意提到了另一个同事的个人生活，而同事却突然变得沉默，这可能意味着他不愿意分享这个话题。在这种情况下，我们应迅速转换话题，比如谈论最近流行的电视剧或周末的户外活动。

宗教信仰和政治立场是两块容易引发风暴的海域。比如，在一次聚会上，如果有人对朋友的信仰质疑，她可能会立刻感到不适。社会争议话题，如种族、性别、性取向等，是一些深水区，容易引发情感上的漩涡。在公共场合，我们应避免深入这些水域，以免引起不必要的争议。

在职场中，我们应专注于工作，避免涉及同事的个人生活或公司内部的敏感信息。就像在一次团队会议上，我们讨论的是项目进展，而不是同事的私事。

谈论他人的身体和外貌，需要谨慎。例如，在一次午餐时，如果有人对别人的体型发表评论，这可能会让他感到尴尬。相反，我们可以赞赏他的工作能力或幽默感。

最后，涉及对方过去的创伤或失败经历，除非对方主动提及，否则我们应避免讨论。在交流中，我们应多分享积极的经历，营造一个轻松愉快的氛围。

总的来说，敏感话题之所以敏感，是因为它们触及了个人的私密领域或深层次的情感。在与人交流时，尊重他人的边界和感受，是构建良好人际关系的基础。

保持对他人隐私的敏感度，避免讨论那些可能引发不适或争议的话题，是我们在日常交往中需要遵循的重要原则。

说话攻略

> 每个人都有自己不愿触碰的底线，我们尊重别人的底线，才会赢得他人的尊重。这种尊重并非虚伪的礼貌，而是一种发自内心的宽容和理解。

微信扫码

① AI贴心闺蜜
② 成长必修课
③ 情商进阶营
④ 幸福研讨室